Marco W.

Marco Weiss verbringt mit seinen Eltern wunderschöne Tage in der Türkei. Doch ihr gemeinsamer Urlaub nimmt eine ungeahnte Wende.

Marco wird verhaftet, in eine überfüllte Zelle mit 36 Mann gesperrt, quälende acht Monate festgehalten. Er soll ein englisches Mädchen vergewaltigt haben. Eine bösartige Lüge. Der Fall macht Schlagzeilen in Deutschland. Kanzlerin, Außenminister und andere hohe Politiker bitten für Marco, ohne Erfolg. Viele Deutsche sind empört. Erst kurz vor Weihnachten wird Marco wieder freigelassen.

Bisher hat Marco Weiss über die schreckliche Zeit im Gefängnis von Antalya geschwiegen, musste seine Ängste und seine Verzweiflung allmählich verarbeiten. Nun hat er ein ehrliches und ergreifendes Buch geschrieben - die Wahrheit über die verhängnisvolle Nacht mit dem Mädchen, die unmenschlichen Tage in der Zelle und die Liebe seiner Eltern, die ihn vor dem Selbstmord bewahrt hat. Seine Bekenntnisse und seine Berichte nehmen einen im wahrsten Sinne des Wortes gefangen.

Einige Namen wurden in dem Bericht zum Schutze beteiligter Personen geändert.

Marco W.
Meine 247 Tage im türkischen Knast

von
Marco Weiss

Marco Weiss, geboren am 28.02.1990, Sohn eines Juristen und einer Bewährungshelferin, wuchs in Uelzen in Niedersachsen auf. Er schloss die Schule mit „Gut" ab. Heute absolviert er ein Praktikum bei einem Elektronikmarkt und plant eine Ausbildung oder ein Fachhochschulstudium in einem technischen Bereich.

Über seine Leidenszeit in der Zelle sagt Marco: „Vielleicht kann ich vergeben, aber niemals ganz vergessen."

Für meine Eltern

Inhalt

Warum ich dieses Buch schreiben muss

Ich bin Marco W., W. wie Weiss, mit Doppel-S, mein Nachname. Ich bin ein ganz normaler Junge, der unbeschwert aufwuchs, und ich dachte, dass mein Leben so unbeschwert weitergehen würde. Welch ein Irrtum! Denn ich habe Schlagzeilen gemacht. Mein Foto ist um die Welt gegangen. Der SPIEGEL hat eine Titelgeschichte über mich gedruckt. Ich habe einen diplomatischen Konflikt zwischen Deutschland und der Türkei ausgelöst, habe die Kanzlerin und ihren Vizekanzler beschäftigt, habe Millionen Deutsche mit meinem Schicksal berührt. Tausende unterschrieben Petitionen, beteten für mich in Kirchen, zündeten Kerzen an oder standen sogar bei Nacht vorm Brandenburger Tor in Berlin.

Ich habe das alles nicht gewollt. Ich habe acht Monate im türkischen Gefängnis gesessen und gelitten – unschuldig. Ich soll im Urlaub ein englisches Mädchen vergewaltigt haben! Jemanden vergewaltigt! Das Mädchen hat gelogen und lügt immer weiter. Damit hat sie mich und meine Familie in ein großes Unglück gestürzt. Wird es jemals enden?

Ich bin seit fast einem Jahr wieder in Deutschland. Aber immer noch lastet diese Geschichte auf mir. Denn immer noch stehe ich bei der türkischen Justiz unter Anklage. Meine Freiheit ist nur ein Leben auf Widerruf.

Ich bin erst 18 Jahre jung, aber ich habe die böse und bittere Erfahrung fürs ganze Leben gemacht: Es kann dazu kommen, dass ein Mensch, der nichts verbrochen hat, trotzdem büßen muss, und dieses Unrecht kann ihn verstören und zerstören. Auch ich war nahe daran aufzugeben. Nur für meine Eltern habe ich weitergelebt. Ich wollte nicht, dass sie noch mehr leiden.

Lange habe ich nicht über die verhängnisvolle Nacht mit dem englischen Mädchen – sie heißt Carolina [*] – sprechen können. Auch nicht über die Zeit in den überfüllten, stickigen und stinkenden Zellen. Nicht über meine Hoffnungen vor jedem Prozesstag und die tiefe Verzweiflung danach, wenn mich der Richter wieder ins Elend zurückschickte, ohne meinen Fall zu prüfen. Wie oft habe ich mir das Hirn zermartert: ‚Warum gerade ich? Warum bestraft mich das Schicksal so?' Manchmal habe ich geweint, ich gebe es zu. Ich war ein verlorener Junge, getrennt von Mutter, Vater und Bruder, weit weg von zu Hause, allein zwischen dutzenden von Männern, echten Kriminellen.

Jetzt will ich mir alles von der Seele schreiben, ich spüre die Kraft dazu. Deshalb dieses Buch. Darin steht, so würde man vor Gericht schwören, die Wahrheit und nichts als die reine Wahrheit. So werden Sie lesen, was wirklich geschah, vom Anfang bis zum Ende. Denn ich will mit diesem Buch auch um meine Ehre kämpfen.

Es begann damit, dass ich, ein Schüler noch, aus der niedersächsischen Kleinstadt Uelzen, mit Vater und Mutter in den Urlaub flog, an die türkische Riviera. In ein Land, das meine Eltern und ich lieben. Schon neun Mal hatten wir dort Ferien gemacht.

Schöne Tage im April waren das. Endlich lange schlafen, stundenlang Volleyball am Strand spielen, abends mit neuen Freunden in die Disco ziehen, ein bisschen tanzen, ein bisschen flirten, sonst nichts. Bis sich Carolina neben mich setzte. Ein Mädchen, das mich eigentlich gar nicht interessierte, von der ich wirklich nichts wollte.

---

[*] Name geändert, ebenso bei Anne, Maggy, Alex, Betty, Zemi, Erkan und Nafiz.

Aber später wird sie bei der Polizei behaupten: Er hat mich vergewaltigt! Böse erfunden, es war ganz anders! Warum sie lügt? Ich weiß es bis heute nicht.

Und damit begannen 247 Tage im Gefängnis, in denen ich nur noch ums Überleben kämpfte. Eingepfercht zwischen Mördern und Straßenräubern (aber auch ein paar anständigen Kerlen). Wässerige Suppe. Eine Toilette ohne Spülung für 36 Mann. Und gleich neben mir spritzten sie sich Heroin oder berauschten sich am heimlich selbstgebrannten Schnaps. Meine Zigaretten und meine anderen Habseligkeiten musste ich mit den Bandenchefs in der Zelle teilen. Weigerte sich einer, konnte ich erleben, wie sie ihn drangsalierten und blutig schlugen. Die Wärter interessierte das alles nicht.

Ich weiß jetzt, wie verzweifelt einsam ein Mensch sein kann. Wie man sich daran klammert, dass bald ein Fax oder ein Brief von den Eltern kommt. Wie man sich freut, Mama und Papa wiederzusehen – auch wenn es nur durch eine trennende Glasscheibe ist.

Ich habe auch vieles bereut, vor allem jedes böse Wort, das ich je zu meinen Eltern gesagt habe. Und mir geschworen, dass ich meinen Kindern später die ganze Geschichte erzählen werde: Was ich im Gefängnis aushalten musste und was man dort lernt. Zum Beispiel, dass man seine Eltern ehren soll und nicht so frech sein, wie ich es bisher war.

Nachts, wenn ich durch das schmale vergitterte Fenster zu den Sternen aufsah, packte mich das Heimweh und ich weinte. Aber immer so, dass es die anderen Häftlinge nicht sahen. Ich dachte an die Engel, die mich beschützen sollten. Ja, ich betete auch und fand zum Glauben zurück. Einmal kniete ich sogar eine halbe Stunde mit den Muslimen, mein ganzer Körper kribbelte. Später fragte ich meine Eltern: „Ist das so, wenn man Gott spürt?"

Jeden Tag, fast jede Stunde zermarterte ich mir das Hirn: ‚Was habe ich nur verbrochen, dass ich in diesem Loch sitzen muss? Warum gerade ich? Warum hat mich dieses Mädchen, dem ich nichts angetan habe, an die Polizei ausgeliefert? Warum ist sie nicht ehrlich? Warum erkennen diese türkischen Richter nicht, dass ich die Wahrheit sage? Wie lange wollen sie mich noch einsperren?' Ich hatte Angst, dass ich vergessen würde, wie es draußen ist.

Nach vier Monaten flehte ich meine Mutter an: „Ich muss hier raus. Hier gehe ich zugrunde!" Doch es dauerte noch weitere vier quälende Monate, bis ich in einer Polizeiuniform aus dem Knast geschmuggelt wurde und heimfliegen durfte – im Privatjet, wie ein Staatsmann oder ein Boss. Nun weiß ich, was Freiheit heißt: Gehen, wohin du willst! Umarmen, wen und wann du willst! Sagen, was du denkst!

Wildfremde Menschen schrieben mir ins Gefängnis. Frank aus Magdeburg munterte mich so auf: „Wir sind viele und wir sind da, du siehst uns nur nicht." Birgit aus Göttingen versicherte mir: „Ich zünde jeden Abend eine Kerze für dich an." Und ein Professor aus Mainz klärte mich auf, dass es in der chinesischen Schrift für das Wort „Risiko" zwei Zeichen gäbe: „Das eine bedeute Gefahr, das andere Chance. Du kannst dir also aussuchen, wohin dein Weg geht."

Jeder Brief half mir, weil alle eine Botschaft hatten: Wir vertrauen dir, wir glauben an dich! Wir wissen, dass du unschuldig bist! Trotzdem wagte ich mich, als ich wieder in Deutschland war, wochenlang nicht aus dem Haus – aus Angst: ‚Gab es doch welche, die mir was anhängen würden? Die mir eine solche Tat zutrauten? Würden sie mich anstarren, vielleicht mit dem Finger auf mich zeigen? War ich nun berühmt oder vielleicht eher berüchtigt?'

Das vorweg: Niemals hat mich jemand böse angesprochen oder gar beschimpft.

Meine Freunde sind sofort gekommen, haben nicht viel gefragt, wollten einfach nur mit mir über Autos und Computer quatschen, mal ein Bierchen trinken. Sie sind echt froh, dass ich wieder daheim bin. Sie haben mich in ein normales Leben zurückgeführt und mir damit gezeigt, dass ich auch wieder ein junger Mann sein darf, der sich das wünscht, was für alle der größte Wunsch ist: Sich verlieben, ein Mädchen an die Hand nehmen, küssen und von einer Zukunft träumen. Vielleicht ist das mein größtes Geheimnis: Ja, ich habe eine Freundin!

Bevor Sie nun zu lesen beginnen, noch etwas Wichtiges: Natürlich ist ein Achtzehnjähriger wie ich nicht so erfahren, dass er alles um sich herum begreift. Vielleicht werden Sie an einigen Stellen dieses Berichtes denken, dass ich zu naiv war, mich manchmal dumm angestellt habe. Möglich. Es hat mir zum Bcispiel geschadet, dass ich vor dem türkischen Gericht die Wahrheit gesagt habe. Aber ich wollte – bis auf eine Notlüge, um in der Zelle mein Leben zu retten – nie lügen. So will ich es auch mit diesem Buch halten: Es soll mir eine Last von den Schultern nehmen, mich erleichtern.

Obwohl – was ich erlebt habe, kann man das je vergessen?

Die frohen Tage von Side-Sorgun

Die ersten elf Tage unseres Urlaubs in der Türkei erscheinen mir heute wie Tage im Paradies. Viel Sonne, im April bereits 25 Grad warm. Man konnte schon im Meer baden und sich in den sieben Restaurants der Hotelanlage satt essen, sogar noch um Mitternacht. Trinken war frei, wir hatten *All inclusive* gebucht. Ich durfte bis mittags pennen, fand beim Volleyball am Strand sofort Freunde, und abends hockten wir im Pub oder zogen später in die Disco. Gut war's, fröhlich, friedlich, nicht aufregend. Aber das war, so wie ich das jetzt einschätze, das Allerschönste daran. Danach hatte ich genug Stress. Wie oft dachte ich in den acht Monaten in der Zelle an diese ersten elf Tage und stellte mir vor: ‚Wenn ich wenigstens einen Tag raus dürfte, nur einen!'

Wir, meine Mama, mein Papa und ich, hatten uns für die Frühjahrsferien wieder das Hotel *Club Voyage Sorgun Select* ausgesucht, eine Fünf-Sterne-Anlage. Die kannten wir von früheren Reisen. Alles dort war großzügig: Schöne saubere Bungalows in einem Pinienwald, fünf Pools, Wasserrutschen, ein besonderes Fischrestaurant, ein Mexikaner, ein Irish Pub und viele Freizeitangebote von Bowling bis Billard. Ich freute mich richtig.

Weil ich gerade siebzehn geworden war und den Führerschein bekommen hatte (gilt bei uns in Niedersachsen, aber nur wenn ein Erwachsener danebensitzt), durfte ich unseren Seat Leon von Uelzen die ganze B4 bis zur Autobahn fahren. Dann übernahm mein Vater das Steuer. Aber weil ich ständig rumjammerte: „Ach, ich will auch mal Autobahn fahren!", versprachen mir meine Eltern: „Wenn wir wieder zurückkommen, darfst du die ganze Strecke fahren." Ich freute mich, das war schon in zwei Wochen. Aber daraus sollte ja nichts werden.

Urlaubsparadies Antalya, Blick auf Altstadt und Hafen

Unser Flugzeug startete in Leipzig. Ich hörte Musik, mein Vater las Zeitungen und meine Mutter schlief. Sie vertrug das Fliegen nicht und hatte Tabletten genommen, damit ihr nicht übel wurde und die sie beruhigten. Heute hat sie sich ans Fliegen gewöhnt, sie war inzwischen schon über dreißig Mal in Antalya. Wir landeten nach dreieinhalb Stunden, morgens gegen vier Uhr. Zum Hotel dauerte es noch eine gute Stunde. An der Rezeption checkten wir ein. Hier wurde jedem ein Clubarmband am Handgelenk befestigt, als Nachweis, dass man in den Club gehörte und die Einrichtungen benutzen durfte. Erwachsene bekamen ein grünes, Kinder und Jugendliche unter 16 ein weißes. Natürlich war das grüne besser, denn nur damit kam man in die Disco oder die Pubs. Wenn ein Gast, der eindeutig jünger aussah als 16, ein grünes Armband haben wollte, ließen sich die Mitarbeiter den Ausweis zeigen.

Ich trank da noch eine Cola, dann gingen wir die 200 Meter zu unserem Bungalow, fielen ins Bett und wachten erst gegen Mittag wieder auf. Wir aßen etwas, ich meine Pommes und Hamburger, steckten die Füße ins Meer und schwammen im Pool. Alles war schön.

Am nächsten Tag machte ich gleich beim Beachvolleyball mit. Ich bin 1,98 Meter groß, `ne ganz lange Latte, da kann mich jede Mannschaft gut am Netz gebrauchen. Ich lernte auch ganz schnell Jungs in meinem Alter kennen. Und die trafen sich abends in der Disco. Da gab's flotte Musik, 'ne schöne Bar war da, und die war bis zwei Uhr früh geöffnet. Am Anfang waren wir immer nur eine Jungs-Clique, zischten unser Bier, und wenn es langweilig wurde, spielten wir draußen vor der Disco am Flipper-Automaten oder eben am Billardtisch.

Und Mädchen? Was war damit? Zuerst gar nichts. Ich bin ja auch nicht der Typ, der schnurstracks auf eine lossteuert und irgendwas erzählt. Im *Club* lief das dann aber eigentlich von ganz allein. Da stieß eine Gruppe Jungs auf eine Gruppe Mädchen und man fragte: „Wollt ihr nicht mit was trinken gehen?" Meistens klappte das, die wollten ja auch Unterhaltung haben. Ich nannte das damals ein „Hotel-Phänomen".

Was man so geredet hat? Nichts Tiefschürfendes, mehr so: „Wo kommt ihr her? Wie lange bleibt ihr?" Die meisten Gäste waren sowieso Deutsche, aber es waren auch einige Engländer da. Weil man alles in der Clique machte, bildeten sich fast nie Pärchen. Alles war eher freundschaftlich, nichts mit Schmusen und so. Aber mir war das egal. Ich war nicht in den Urlaub gefahren, um jemanden kennenzulernen.

Trotzdem hatten wir viel Spaß. Zweimal hielt ich bis morgens um sieben Uhr durch, die Sonne ging schon auf. Ich schlief zwar in dem Appartement meiner Eltern, aber die schrieben mir nie vor, wann ich im Bett sein musste. Sie mahnten höchstens: „Junge, übertreib' es nicht!"

Nach einer Woche fiel uns eine Gruppe junger Engländer auf, weil sie unheimlich viel Alkohol tranken, auch die Mädels. Die rannten in sehr kurzen Röcken und ganz engen Tops mit tiefem Ausschnitt herum. Dazu tanzten sie so mit den Händen nach oben, fliegenden Haaren und wiegenden Schritten, echt heiß. Es war klar, dass sie gesehen werden wollten.

Wie der Zufall es wollte, kamen wir mit einem der englischen Jungs ins Gespräch, weil er Deutsch konnte. Irgendwann standen wir zusammen. Ein paar der englischen Mädchen stellten sich dazu, und wenig später tanzten wir schon zusammen in der Disco. Für manchen mag das zu einfach klingen, aber bei uns Jugendlichen wurde nicht soviel herumgemacht. Freundliches „Hallo" genügte!

Carolina war auch dabei. Aber sie stach mir nicht ins Auge. Ehrenwort! Ich beachtete sie zum ersten Mal, als sie in der Sitzecke der Disco schräg über Eck neben mir saß. Ich bin ja nicht so der Englisch-Profi und sagte erst mal nichts zu ihr. Aber sie fand es wohl öde, suchte Blickkontakt und wollte wissen: „*What's your name? Where do you come from?*" Es war laut und sie war schwer zu verstehen.

Ich erinnere mich, dass sie grüne Augen hatte und lange hellbraune Haare. Sie war geschminkt, die Wimpern getuscht, zwar kein Lippenstift, aber reichlich Lipgloss. Zum tief ausgeschnittenen Top trug sie einen ziemlich kurzen Jeans-Rock. ‚Nettes Mädchen', dachte ich, mehr nicht. Ich trank Cola, sie Bier und Wodka. Es war mein neunter Abend im Hotel. Um ein Uhr morgens gingen die Mädchen.

Am nächsten Abend fanden wir uns wieder in der Disco. Wir

hockten in unserer Stammecke, die Engländer hatten sich in eine andere Ecke verkrochen. Uns war das egal, wir konnten unseren Spaß auch ohne sie haben. Aber dann rückten sie plötzlich doch zu uns rüber.

Ich nickte Carolina zu, sie lächelte, aber immer noch war da nichts, kein Funke. Es war auch nicht so, dass ich gedacht hätte: ‚Die will ich näher kennenlernen!' Wir tanzten in der Gruppe, und da hatte ich plötzlich das Gefühl, dass sie schon interessiert war. Sie setzte sich neben mich und erzählte, dass sie nur noch ein paar Tage bleiben würde. Die Disco schloss um zwei Uhr und wir gingen weiter zum *Irish Pub*. Vielleicht gegen vier Uhr verzogen sich die englischen Mädchen – Carolina, ihre Schwester Anne und zwei Freundinnen – zu ihren Bungalows, ohne uns.

Tags darauf war wunderschönes Wetter. Programm wie immer: Volleyball, in den Pool oder ins Meer springen, Boccia, mit den Kumpels essen, abends Disco, tanzen, in der Ecke lümmeln, nochmals tanzen, was zu trinken holen. Wieder saß Carolina neben mir. Carolina fragte mich, wie alt ich sei. „Siebzehn", antwortete ich. Sie sagte: *„I'm fifteen!"* Es war direkt an meinem Ohr, denn es war laut. Aber das Wort *„fifteen"*, also fünfzehn, habe ich genau gehört und war erschrocken. Ich hatte sie älter geschätzt, so sechzehn, siebzehn. Sie war groß, mindestens 1,70 m, und, wie einer meiner Freunde bewundernd feststellte, „recht üppig ausgestattet".

Irgendwann wollten die vier Engländerinnen zu ihren Bungalows, und wir begleiteten sie. Sie hatten nichts einzuwenden, aber wir mussten versprechen, leise zu sein. Nebenan würden ihre Eltern schlafen. Ich wunderte mich jedenfalls. Am Ende saßen, standen, lagen dreizehn Jungendliche in dem Zimmer. Zimmer 5350, wie sollte ich diese Zahl je wieder vergessen können. Einige der Jungs verschwanden schnell wieder, der Rest verteilte sich auf die Betten.

Carolina lehnte auf meiner linken Seite. Ich plauderte mit einem anderen deutschen Jungen. Wir fanden es lustig, wie die Mädels so drauf waren. Im ganzen Raum hatten sie ihre Klamotten verstreut, überall lagen Schminkutensilien herum, über einem Stuhl hingen Jacken. Ein Junge fand ein Kinderbilderbuch, las daraus vor und wir lachten. Die Mädchen kicherten, es war eine Mordsgaudi.

Da hatte ich zum ersten Mal das Gefühl, dass Carolina ein bisschen mehr von mir wollte. Aber ich war einfach nicht scharf auf sie. Nun bin ich ja ohnehin nicht der wilde Ranschmeißer. Bei mir muss das langsamer laufen. Auch wenn klar ist, dass im Urlaub mehr erlaubt ist und man sich doch schneller näherkommt. Irgendwann waren wir nur noch fünf Jungs und die vier Mädels, alle quer auf den Betten, manche mit den Füßen auf dem Boden. Einer der Jungs schaltete das Licht aus, die Engländerinnen kreischten erst: „Licht an!" Aber Carolina rückte im Dunkeln noch näher zu mir. Ich dachte mir trotzdem nicht viel dabei. Wir lachten einfach alle viel. So gegen vier Uhr morgens wurde viel gegähnt, wir waren müde. Zum Abschied umarmte ich Carolina, aber ich drückte sie nicht an mich. Die anderen Mädchen umarmte ich ja auch. Genauso umarmten alle anderen Jungs auch Carolina. Wir waren ja nur Freunde, wir freuten uns auf den kommenden Abend und versprachen uns: *„We will meet at the disco"* – wir treffen uns in der Disco. Ich ging zurück in mein Zimmer, ich war zufrieden. Ein fröhlicher Abend. Aber ich war sicher nicht berauscht von irgendwelchen Glücksgefühlen, und erst recht hatte ich keine bösen Vorahnungen. Was sollte hier schon passieren? Vor allem: Was sollte denn mir schon passieren?

Die verhängnisvolle Nacht

„Über Nacht hatte sich alles verändert, hatte sich sein Leben um 180 Grad gedreht." Diesen Satz las ich mal in einem Roman und dachte: ,Das ist quatsch, so schnell geht das doch nicht!' Aber dieser Satz stimmt. Ich musste es am eigenen Leib erfahren, und die Erkenntnis brannte sich in mein Hirn.

Dabei hätte mir das Schicksal beinahe noch eine Chance gegeben, mich beinahe vor der Katastrophe bewahrt. Denn für diesen elften Tag im Club hatten meine Eltern und ich einen Ausflug mit Jeeps gebucht, in die Berge. Deshalb stand ich schon um halb zehn auf. Die Tour sollte bis zum späten Abend dauern. Das bedeutete, einen vollen Tag in Hitze und Staub, außerdem wird man kräftig durchgerüttelt und ist am Schluss ziemlich fertig. Ich glaube nicht, dass ich es danach noch in die Disco geschafft hätte.

Pech nur: Die Jeeps kamen nicht. Ob die Autos eine Panne hatten oder sich zu wenige Gäste gemeldet hatten, erfuhren wir nie. Also frühstückte ich lange und in Ruhe mit Mama und Papa und sprang mir dann beim Volleyball die Müdigkeit aus den Beinen. Es war warm, ich legte mich an den Strand, obwohl ich sonst selten in der Sonne brate.

Nachmittags sah ich Carolina mit vier Engländerinnen im Meer stehen, vorn, wo es noch flach ist. Sie schwenkten die Arme und riefen: *„Hi, Marco!"* Ich winkte zurück, blieb aber auf meinem Handtuch. Die Mädchen waren etwa 25 Meter entfernt. Carolina trug einen Bikini. Ob sie umwerfend aussah? So genau guckte ich nicht hin. Ich kann mich nicht mal mehr an die Farbe ihres Bikinis erinnern.

Am Abend schleppte ich mich fast zur Disco. Mich plagten

fürchterliche Magenschmerzen, aber am letzten Urlaubstag will man halt noch mal heftig Party machen. Einer meiner Freunde, ein Krankenpfleger, war richtig besorgt: „Stechen im Bauch, hoffentlich ist es nicht der Blinddarm!" Deshalb trank ich keinen Tropfen Alkohol, da bin ich ein vorsichtiger Mensch – im Umgang mit Menschen allerdings wohl doch nicht vorsichtig genug.

Wegen der Schmerzen war ich schlecht drauf, hatte keine Lust zu tanzen, kauerte meistens allein in unserer Ecke. Auf einmal schob sich Carolina an meine Seite. Sie erkundigte sich, was mit mir los sei, und ich versuchte es ihr mit meinem Schulenglisch zu erklären. Später redeten wir über Hobbys und Schule. Sie erzählte, dass sie eine Privatschule besuche, viel Sport treibe und Musik liebe, sogar ein Blasinstrument spiele, eine Klarinette oder so was Ähnliches. Außerdem möge sie Partys und sich mit Freunden treffen. Wie fast alle.

Carolina rückte näher und schlug vor, ich solle wenigstens mit ihr tanzen. Weil ich mich etwas besser fühlte, ging ich mit. Wir tanzten nebeneinander, nicht eng. Sie bewegte sich geschmeidig, ihr dunkles Top und der schwarze Rock schmiegten sich an ihren Körper. Trotzdem dachte ich auch hier nicht: ‚Die Braut musst du knacken!' Ich erwartete einfach nichts.

Zwischendurch, kurz nach Mitternacht, gingen wir alle miteinander ins Restaurant des Haupthauses. Die meisten bestellten Spaghetti, ich auch. Schön satt fuhren wir mit dem Aufzug in den 4. Stock, da konnte man in gemütlichen Sofas versinken. Plötzlich gab's Zoff. Zwei Mädchen, die sich ein Zimmer teilten, stritten laut miteinander. Anne, die ältere Schwester von Carolina, bot dem einen Mädchen – sie hieß Maggy – an: „Du kannst die Nacht bei uns bleiben." Das ist wichtig für später, weil jeder wissen sollte, warum da drei Mädchen in dem Zimmer schliefen.

Ein paar Jungs aus unserer Gruppe hauten bald ab, weil sie am Morgen zurück nach Deutschland fliegen mussten. Auch die Engländerinnen sagten „*Goodbye*" und stöckelten davon. Ich blieb noch eine halbe Stunde sitzen, doch im Magen bohrte es wieder hundsgemein. Jetzt wollte ich eigentlich nur noch in mein Bett.

Der Weg von der Disco zu meinem Bungalow führte am Appartement der englischen Mädchen vorbei. Ein saublöder Zufall! Es war 0:45 Uhr, die drei hockten auf dem Balkon im zweiten Stock und palaverten. Anne rief von oben, ich solle warten. Ob ich nicht Alex holen könne. Alex war der Engländer, der Deutsch sprach. In den hatte sich Anne wohl verknallt. Ich rief hinauf, dass Alex wahrscheinlich im *Irish Pub* stecke. Anne schickte mir Maggy runter, die mir beim Suchen helfen sollte. Wir fanden Alex schnell und er kam sofort mit. Auf dem Rückweg verriet mir Maggy, ich könne auch mit hochkommen, Carolina würde sich freuen. Da hatte ich nichts dagegen.

Carolina begrüßte mich überschwenglich: „Hey, da bist du ja!" – als wenn sie mich sehnsüchtig erwartet hätte. Erst saßen wir zu fünft im Zimmer, bis Anne uns bat: „Geht doch mal auf den Balkon, ich möchte was mit Alex besprechen." Wir gingen hinaus und verteilten uns auf die Gartenstühle. Carolina wickelte sich in eine Decke und legte ihre Füße auf mein Bein. Wir hörten die beiden drinnen reden. Ich genoß die frische Luft, meine Magenschmerzen wurden weniger. Wir unterhielten uns über alles Mögliche. Mein Englisch ist zwar nicht gerade das beste, aber irgendwie haben wir uns trotzdem verstanden. Manchmal haben wir auch nur geschwiegen und uns angelächelt.

Nach einer halben Stunde wurde es ziemlich frisch und Carolina klopfte an die Tür. Anne ließ uns hinein, verschwand aber gleich mit Alex auf dem Balkon. Carolina drückte die Tür zu, ließ den Riegel aber offen. Sie zog die Gardine vor die Glasscheibe. Sie und

Der Balkon von Carolinas Bungalow

Maggy legten sich aufs Bett. Ich versuchte, meine 1,98 Meter auf einem harten Hocker zu verstauen. Wir rätselten noch ein paar Minuten, über was die beiden auf dem Balkon so ausdauernd diskutierten. Maggy sagte dann, sie müsse nun schlafen, drehte sich auf die Seite und war weg. Ich staunte, wie man so blitzschnell in Tiefschlaf versinken kann. Im Nachhinein frage ich mich, ob sie wirklich schlief.

Das Licht im Zimmer brannte hell. Carolina, die in kurzen Shorts steckte, oben rum ein Hemdchen, hochgeschlossen, wies auf das Bett: „Willst du nicht zu mir kommen?" Ich setzte mich zuerst unten ans Bett, zu ihren Füßen, meine Beine noch im schmalen Gang und stützte meinen Oberkörper mit den Ellenbogen. Carolina fand das unbequem und schlug vor, ich solle doch neben sie rutschen, Kopf an Kopf. Dann drehte sie sich zu mir, blickte mich lange an, strich mit ihren Fingerspitzen über meine Schultern, kraulte mich am Hals.

‚Hoppla', dachte ich, ‚die will wirklich was von dir!'

Ich drehte mich zu ihr, da küsste sie mich plötzlich auf die Lippen. Wir schwiegen beide. Ich grübelte: ‚War das jetzt der große Annäherungskuss? Wollte sie, dass ich was unternahm?' Ich war verwirrt. Sie tastete mit ihren Fingern schon über meine Brust. War angenehm, zugegeben. Deshalb streckte ich meinen Arm aus, streichelte ihr Gesicht und ihre Schultern. Sie schob ihre Hand erst unter meinen Pulli, ließ ihre Finger dann langsam nach unten wandern.

Für mich war das überraschend, ich fühlte mich beinahe überrumpelt. So wollte ich das nicht, jedenfalls nicht so schnell. Ich kannte sie ja gar nicht richtig. Wie sollte ich mich bloß verhalten? Irgendwie sollte das doch romantischer sein, mit Liebe und Liebkosungen, langsam ausziehen und entdecken, mit allem Drum und Dran. Und nicht hier, mit einem anderen Mädchen daneben und zwei Freunden auf dem Balkon, die jede Sekunde hereinplatzen konnten.

Jedoch, aufzustehen und davonzulaufen erschien mir auch feige. Ich wollte sie ja nicht so gemein zurückweisen. Also blieb ich liegen. Carolina knöpfte meine Jeans auf, zog den Reißverschluss nach unten. Fast gleichzeitig streifte sie ihre Shorts bis auf die Knie runter, als wollte sie mich überzeugen: Das gehört jetzt dir!

Doch, noch ehe es richtig angefangen hatte, war bei mir schon alles vorbei. Ich schämte mich, dass ich so früh gekommen war. Vielleicht war sie böse, weil sie sich eine Menge mehr erhofft hatte? Auf alle Fälle drückte ich ihre Hand weg, drehte mich auf die andere Seite und zog den Reißverschluss wieder hoch. Carolina fragte ganz entgeistert: „Was machst du da? Was soll das?" Ich antwortete nicht. Mir war alles furchtbar peinlich. Ich wollte nur weg, schnell auf mein Zimmer.

Ich stand auf und sagte ihr, dass ich heimgehen wolle. Carolina zog ihre Shorts wieder hoch, sprang aus dem Bett und öffnete die Balkontür. Sie sagte ihrer Schwester und Alex, dass ich weg wollte und sie mir „*Goodbye*" sagen sollten. Carolinas Stimme vibrierte, da merkte ich schon: Sie war sauer! Aber an der Tür gab sie mir noch einen Kuss auf den Mund.

Darum hoffte ich: ‚Wird schon alles in Ordnung sein.' Ich beschloss, am nächsten Tag mit Carolina zu reden und ihr zu erklären, dass ich wahrscheinlich nicht der richtige Junge für sie wäre. Damit schlief ich ein, wachte aber zwischendurch ein paar Mal auf, quälte mich: ‚Hätte ich stärker auf sie eingehen sollen? Sollte ich besser überhaupt nicht mehr daran denken?'

Wie schlecht hätte ich erst geschlafen, wenn ich geahnt hätte, welche Geschichte Carolina ihrer Mutter auftischte: Der deutsche Junge habe einfach an ihre Zimmertür geklopft, sich auf ihr Bett gelegt und sie – während sie schlief – vergewaltigt.

Das seltsame Verhör

Es war unser letzter Tag in der Türkei, in der kommenden Nacht wollten wir zurück nach Leipzig fliegen. Nachmittags spielte ich noch eine Runde Volleyball am Strand, danach wollten wir noch in Manavgat einkaufen. Schuhe, Ledersachen und Klamotten sind dort immer noch viel billiger als bei uns in Deutschland.

Als ich vom Strand in unser Appartement kam, empfing mich meine Mutter: „Marco, du sollst dich bei der Hotelrezeption melden. Die haben eine Frage. Hast Du vielleicht was kaputt gemacht?" Nein, hatte ich natürlich nicht. Mir fiel nur der Scherz ein: „Vielleicht bin ich der 10 000. Besucher und kriege dafür einen Preis, eine kostenlose Urlaubsverlängerung."

Ich zog mich für den Abend um und nahm die Jeansjacke. „Das an der Rezeption kann ja nicht lange dauern", beruhigte ich meine Eltern, die mit mir kamen. An der Rezeption sagte ein Hotelmitarbeiter freundlich, sie hätten etwas mit mir zu besprechen, und öffnete die Tür eines Büros. Dort saßen einer der Hotelmanager und eine Frau von der Gästebetreuung, die sehr gut deutsch sprach. Sie sagte, sie müsse uns leider mitteilen, dass ein Vorwurf gegen Marco Weiss vorläge. Wie auf ein Stichwort traten im selben Moment zwei Männer ins Büro. Sie gehörten zur *Jandarma*, der Polizei, trugen aber Zivil. Sie müssten mich mit auf die Wache nehmen.

Ich begriff gar nichts. Auch Mama und Papa waren wie vor den Kopf geschlagen: „Das kann doch nicht sein. Ist das eine Verwechselung? Nun verraten sie uns bitte, was hier los ist!" Die Polizisten redeten länger mit der Frau auf Türkisch, die sich dann an uns wendete: „Ein Mädchen hat sich beschwert, dass man sie missbraucht habe." MISSBRAUCHT! Das ist ein Wort, das wie eine Bombe einschlägt, dir fast das Gehirn zerfetzt. Was hatte ich damit zu schaffen? Meine Eltern, noch im Schock, wehrten sich sofort: „Unmöglich! Das müssen sie noch mal prüfen. Unser Junge doch wirklich nicht. Da haben sie einen Namen vertauscht!" Ich sagte: „Das muss eine Verwechselung sein."

Die Polizisten versuchten nun, uns zu besänftigen: „Wir werden das klären. Bitte kommen sie mit zur Wache. Wahrscheinlich dauert es nur eine halbe Stunde." Ich riss mich zusammen und schlug vor: „Wir fahren jetzt mit, dann haben wir es hinter uns." Mir war das Ganze lästig, ich hatte ja nichts verbrochen.

Wir stiegen hinten in ein Hotelauto. Auf der Fahrt überfiel mich eine dunkle Ahnung: ‚Carolina! Steckte sie dahinter? Was war in dieser Nacht schiefgelaufen? Was? Ich hatte ihr doch nichts getan! Vielleicht deshalb? Rache eines Teenagers, der sich die Folgen gar nicht ausmalen konnte?' Ich beschloss, meine Mutter in den heftigen Flirt mit dem englischen Mädchen einzuweihen, freilich ohne nähere Einzelheiten. Mama war schrecklich aufgeregt. Sie wußte ja, dass die türkische Polizei und Justiz nicht zimperlich waren. Sie hatten einen deutschen Touristen ins Gefängnis geworfen, nur weil er einen Stein am Strand aufgehoben und in den Koffer gepackt hatte. Angeblich war der Stein ein „antiker Wertgegenstand".

Zur Polizeiwache kamen später zwei Reiseleiter unseres Veranstalters. Ich erklärte ihnen, dass – wenn das überhaupt der Grund war – ich ein Mädchen kennengelernt hatte und mit ihr auf dem Zimmer war, allerdings mit noch drei anderen Jugendlichen, und deshalb sei auch gar nichts passiert.

Na, dann sei es ja nichts Schlimmes, meinten die beiden, ich solle einfach die Wahrheit sagen. Die Reiseleiter diskutierten mit den Polizisten, doch die beharrten darauf: „Wir müssen den jungen

Deutschen fürs Protokoll selbst vernehmen." Inzwischen war es 21 Uhr, die Zeit lief uns weg. Wir sollten um 1 Uhr nachts vom Hotel abgeholt und zum Flughafen Antalya gefahren werden. Mama meinte: „Dann lassen wir das mit dem Einkaufen halt sausen."

Ich wurde in ein karges Büro geführt. Dort starrten mir ein Kriminalbeamter und ein Dolmetscher entgegen. Meine Eltern mussten draußen bleiben. Als der Kripomann nach der vergangenen Nacht fragte, dämmerte es mir: ‚Carolina hatte eine böse Geschichte in die Welt gesetzt und ich musste das jetzt wohl ausbaden.' Und immer diese Hammerschläge im Kopf: ‚Warum? Warum? Warum?' Trotzdem erzählte ich alles so, wie es gewesen war. ‚Dann kann dir doch nichts zustoßen, tröstete ich mich selbst.'

Zur gleichen Zeit tauchten Carolina, ihre Schwester Anne, ihre Mutter und deren neuer Lebensgefährte auf dem Gang auf. Ich sah sie durch die offene Tür. Plötzlich huschten Carolina und ihre Mutter in das Verhörzimmer. Ich schaute hoch, versuchte Carolina in die Augen zu blicken, aber sie hielt den Kopf gesenkt und guckte an mir vorbei. Da wusste ich, dass es ernst war. Bis dahin hatte ich mich auf zuhause gefreut, auf meinen Bruder, die Freunde, die Klassenkameraden. Mit einem Mal stürzte alles ein. Denn Missbrauch, das war nicht Pillepalle wie Kaugummi klauen (aber wie ich jetzt weiß, kann man dafür in der Türkei auch ins Gefängnis kommen). Immerhin durfte ich wieder raus zu meinen Eltern. Die wendeten gerade mit dem Reiseleiter alles hin und her und hofften, dass es doch noch ein gutes Ende nehmen würde. Nach Lage der Dinge hatte Carolina gelogen, das sei doch offensichtlich.

Aber mit der nächsten Nachricht schockten mich die Reiseleiter erneut. Sie hätten erfahren, Carolina sei erst dreizehn, nach den

Die Polizeiwache von Manavgat

Buchstaben des Gesetzes also noch ein Kind. Deshalb werde so gründlich ermittelt. Für mich war das unfassbar: Erstens sah sie aus wie siebzehn, zweitens hatte sie mir gesagt, sie sei fünfzehn, drittens hatte sie im Hotel an ihrem Arm das grüne Bändchen für Erwachsene, nicht das weiße für Kinder. Ein dreizehnjähriges Mädchen missbraucht zu haben, Kindesmissbrauch, das war schon ein schwerer Vorwurf.

Mein Vater fasste sich als erster. Er ging zu – wenn man so will – Carolinas Stiefvater, wollte ihm erklären, dass ich gar nicht hätte wissen können, dass Carolina so jung war. Er fragte, was eigentlich los sei. „Warum hat sie Marco angezeigt?" Doch der Engländer drehte sich weg, Anne stierte auf den Boden. Ich wollte schreien „Anne, du weißt doch genau, dass das alles nicht stimmt!" Aber ich spürte nur einen Kloß im Hals.

Wir hockten noch etwa eine halbe Stunde auf der Bank, es war klar, daß wir uns den Flug nach Leipzig langsam abschminken konnten. Schließlich bat mich ein Polizist in einen anderen Raum, wo meine Daten in den Computer eingegeben wurden. Dort erschien auch eine Pflichtverteidigerin! Sie sprach kein Deutsch und weniger Englisch als ich. Es wurde ein stundenlanges Verhör, und meine Eltern froren mittlerweile draußen auf der Bank im Dunkeln.

Zwischendurch wurde ich zu einem Polizeibus geführt, ohne zu wissen warum. Meine Mutter fragte den Reiseleiter. „Marco soll im Krankenhaus untersucht werden". Eine Erklärung, warum, gab man uns nicht. Meine Mutter bat den Reiseleiter mitzufahren, damit er übersetzen konnte. Zum Glück tat er das auch. Später sollte ich mit solchen Dingen allein zurechtkommen müssen. Wieder zurück, hieß es erst, ein Staatsanwalt würde kommen und dann könnte ich gehen. Doch dann übersetzten die Reiseleiter, dass ich noch eine Nacht in der Polizeistation verbringen müsste. Erst am nächsten Morgen würde ein Staatsanwalt entscheiden, ob ich frei käme.

Da brach die Welt endgültig zusammen. Ich weinte, meine Mutter auch.

Carolina, die zur Vernehmung eine lange Hose und eine hochgeschlossene Bluse gewählt hatte, sah ich danach nie wieder. Außer nachts, in meinen Albträumen. Aber das kam erst später.

Mich packte die Angst vor der Nacht, vor der Zelle! Ich betete: „Lieber Gott, hilf mir, hol' mich hier raus!" Meine Mutter versuchte mir Mut zu machen. Die Entscheidung des Staatsanwalts könne doch nur so ausfallen, dass ich nach Deutschland würde fliegen dürfen. Sie und Papa hätten zusammen mit den Reiseleitern die Flüge auf morgen Nachmittag umgebucht. Das Hotel schickte mir Fladenbrot mit Hackfleisch drin, ich hatte seit mittags ja nichts mehr gegessen. Ich fand das ganz toll, obwohl mir der Appetit vergangen war. Meine Gedanken kreisten nur um die Vorstellung, daß ich völlig allein in der Zelle sein müsste. Was würde man mit mir machen?

Dann näherten sich zwei junge Polizisten. Ich umarmte meine Mutter und konnte nur noch stammeln: „Ich will hier nicht bleiben! Mama, hol' mich hier raus!" Die Tränen flossen, ich konnte es nicht verhindern, ich war am Boden. Wie sollte ich verstehen, dass diese Carolina mir so etwas zufügte, solche Lügengeschichte erfand. Die Reiseleiter versprachen: „Wir führen Gespräche heute Nacht, wir regeln das, morgen geht es nach Hause." Meine Mutter versprach noch mal: „Wir beten für dich!"

Ich bin zwar keiner, der jeden Sonntag in die Kirche rennt. Als junger Kerl will man Samstagnacht feiern und sonntags ausschlafen. Aber meine Familie ist schon religiös, Mama war sogar im Kirchenvorstand. Wir alle glauben an die Kraft des Gebetes und dass der Herr im Himmel die Gebete auch erhört.

Die beiden jungen Polizisten waren gerade dabei, mir Handschellen anzulegen, doch der Offizier schüttelte den Kopf, sie fassten mich an den Armen und führten mich zum Zellentrakt. Dort musste ich Gürtel, Uhr und Portemonnaie abgeben und die Schnürsenkel aus den Schuhen ziehen. Danach schoben sie mich in die Zelle: Zwei Holzpritschen, eine Wolldecke, ein Stuhl, ein Tisch, ein Loch im Boden als Klo, ein Fensterschlitz, zum Wachraum hinten nur Gitterstäbe.

‚Na toll', dachte ich, ‚das ist ein schöner letzter Abend in der Türkei. Den vergisst man bestimmt nicht.'

Die halbe Nacht lag ich wach. Ich hatte Durst. Der Wachmann gab mir einen Schluck aus seiner Cola-Flasche. Von den Reiseleitern wusste ich, dass der Staatsanwalt ab morgen neun Uhr da sein würde. Ich fragte den Wachmann nach der Zeit, deutete dabei auf die Stelle an meinem linken Arm, an dem sonst meine Uhr hing. Er zeigte mir: Es war schon halb zehn! ‚Oh Gott, oh Gott, warum holt mich denn keiner ab?' Erst Stunden später kam ein Polizist: „Fertigmachen! Mitkommen!"

Auf der Fahrt zum Staatsanwalt war ich plötzlich richtig aufgedreht. Nun würde sich dieses Missverständnis aufklären und ich mit meinen Eltern nach Deutschland fliegen. Zuerst brachten sie mich aber ein zweites Mal zu einem Arzt. Der betrachtete mich von oben bis unten und stellte fest: Alles okay! Ob das eine Kontrolle für das Gericht war oder sie nur den Beweis brauchten, dass mich niemand misshandelt hatte, weiß ich nicht. Spuren der Gewalt konnten sie an mir nicht feststellen, aber ein Protokoll wurde darüber auch nicht angefertigt.

Auf dem Flur des Justizgebäudes sah ich meine Eltern. Ich kroch beinahe in ihre Arme. Sie erkundigten sich: „Geht es dir gut?" Meine Mutter hatte Brötchen, Wasser und Säfte mitgebracht. Seit gestern Abend hatte ich ja nichts mehr gegessen.

Später kam noch die Pflichtverteidigerin. Zuerst wurde ich zum Staatsanwalt gebracht. Einer der beiden Reiseleiter wartete bereits. Aber der Staatsanwalt lehnte ihn als Dolmetscher ab, er brauche einen vereidigten Übersetzer. Dann aber durfte nach einigem Hin und Her doch der Reiseleiter ran. Er machte mir Hoffnung. Der Staatsanwalt könne entscheiden, ob er Anklage erhebe oder mich freilasse. Das würde mir den Richter ersparen.

Ich berichtete wieder alles haarklein und war entsetzt, als der Staatsanwalt kurz verkündete: „Wir müssen jetzt zum Richter!" Ich war niedergeschlagen: ‚Findet das hier denn immer noch kein Ende?' Beim Staatsanwalt hatte ich erfahren, dass ein Arzt

Das Gericht in Manavgat

Carolina untersucht und ins Protokoll geschrieben hatte: Sie ist noch Jungfrau! Wie sollte da ein Missbrauch geschehen sein?

Nun durfte ich wieder auf den Flur, hinter mir aber immer ein Offizier mit zwei Polizisten, die Maschinenpistolen über der Schulter hängen hatten.

Nachmittags wurde ich aufgerufen. Im Saal musste ich mich mit dem Gesicht zur Richterin an ein Pult stellen. Ein Reiseleiter, der übersetzen sollte, blieb zunächst neben mir, musste dann aber den Saal verlassen und draußen warten, genauso wie meine Eltern. Keiner durfte in den Zuschauerraum. Zunächst also wieder warten, diesmal auf einen Übersetzer. Dann ging es zum vierten Mal von vorne los, die verhängnisvolle Nacht in allen Einzelheiten. Ich hatte den Eindruck, der Übersetzer gab nur die Hälfte wieder, so dass es zu Verständigungsschwierigkeiten und Protokollfehlern kam. Aber ich glaubte immer noch: Wenn ich die Wahrheit sagte, so peinlich manches auch erschien, würde alles schon gut werden. Als ich fertig war, sprach die Richterin, aber ich verstand kein Wort. Draußen dann sagte der Reiseleiter, der mich bedauernd anschaute: „Sie hat entschieden, dass du ins Gefängnis musst!"

‚In vier Wochen soll erst entschieden werden? Das kann nicht sein, das darf nicht sein! Man muss doch sehen, dass ich unschuldig bin!' Ich fühlte mich wie ausgehöhlt. Das hieß, ich war dazu verdammt, in der Türkei zu bleiben! In einem türkischen Gefängnis! Wie sollte ich das überleben?' Meine Eltern waren ebenfalls kalkweiß. Wir konnten nicht mehr stehen, mussten uns auf eine Bank setzen. Die Reiseleiter versuchten, uns ein wenig aufzurichten: „Spätestens in vier Wochen, vielleicht sogar früher, beim ersten Prozess, da hat der Richter die ersten Zeugen gehört, da wird er anders entscheiden. Dann bist du draußen." In vier Wochen … Meine Mutter schrie: „Vier Wochen soll mein Junge ins Gefängnis? Das kann nicht sein, es muss jetzt etwas geschehen!"

Meine Mutter hatte mir eine Zahnbürste, Waschlappen und Seife mitgebracht. Das war alles, was sie mir mitgeben durfte. Der Reiseleiter sagte, ich würde in eine Art Jugendheim kommen, wo meine Eltern mich dann immer besuchen könnten. Er würde ihnen die Anschrift besorgen. Jetzt befahlen die Polizisten, meine Eltern müssten den Flur verlassen. Wir hingen aneinander, alle drei Tränen in den Augen. Weinend rief ich: „Ich hab' doch gar nichts gemacht!" Mama konnte mir wenigstens noch sagen, dass Papa im Hotel bleiben würde, sie müsse leider wieder arbeiten.

Meine Mutter Martina ist Bewährungshelferin, kümmert sich um straffällig gewordene Menschen. Ihre Bewertungen, die „soziale Prognose", sollen dem Gericht helfen, das rechte Strafmaß zu finden. Mein Vater Ralf hat Jura studiert, später aber als Taxifahrer gearbeitet. Vor zwei Jahren haben die Ärzte Leukämie bei ihm entdeckt, Blutkrebs. Das Immunsystem wird geschwächt. Papa durfte nicht mehr Taxi fahren, denn jeder erkältete Fahrgast hätte ihn gefährlich anstecken können. Wir hatten eigentlich genug Sorgen.

Als meine Eltern um die Ecke gebogen waren, legten mir die Polizisten Handschellen an. Ich bekam das erst gar nicht richtig mit. Ich war wie gelähmt, trotz meiner Größe ein Häufchen Elend. Im Unterbewusstsein erinnerte ich mich an schreckliche Berichte über türkische Gefängnisse: Die Zellen vollgestopft, verschmutzt, stinkend, regiert von Schwerverbrechern, die jeden Sträfling quälen und ihm fast alles wegnahmen. Das war meine Befürchtung, und sie sollte Wirklichkeit werden!

Heute kann ich bestätigen: Genauso ist es. Ich musste es ja acht Monate darin aushalten. Carolina dagegen ist mit Mutter und Schwester nach England davongeflogen und wie ein braves Schulmädchen wieder auf ihr privates College gegangen.

Carolinas Lügenmärchen

Da stand ich nun, verlassen in einem fernen Land, mit fremden Leuten, wie ein Schwerverbrecher in Handschellen. Immer wieder jagte es mir durch den Kopf: ‚Ich bin doch unschuldig! Ich bin unschuldig, ich schwöre es!' Aber hier schien das niemanden zu interessieren. Hier war ich ein Gefangener, sonst nichts. Die Polizisten brachten mich noch mal zum Staatsanwalt, der unterschrieb ein Papier, wohl die Einweisung. Dann verfrachteten sie mich in einen Polizeibus. Der sollte mich ins Gefängnis nach Antalya bringen. Der Knast in Antalya, soviel hatte ich in früheren Urlauben gehört, war ein übler Ort. Wie konnte man dort einen Jugendlichen einsperren?

Als wir losfuhren, regnete es in Strömen. Zu mir waren sechs Polizisten eingestiegen. Alle mit Maschinenpistolen bewaffnet. Sie unterhielten sich lebhaft, schauten immer wieder zu mir. Ich konnte sie nicht verstehen, bekam nichts mit, wie sollte ich auch? War ich für die ein beliebiger Sträfling, den man ruhig hart anfassen konnte? In solchen Augenblicken befürchtest du ja das allerschlimmste: ‚Wenn einer versehentlich mit dem Zeigefinger in den Abzug seiner Waffe gerät, was kann der anrichten?' Meine Nerven flatterten, mein Magen rumorte – nicht nur, weil ich hungrig war.

Bis ins Gefängnis dauerte es eine Stunde. Eine endlose Stunde. In Antalya saugte ich noch mal die Bilder der Menschen auf, die fröhlich auf der Straße standen und lachten. ‚Das siehst du nun einen ganzen Monat nicht mehr', wusste ich. Aber ich wusste nicht, wie lange ein Monat sein kann, in dem andere jeden deiner Schritte diktieren.

Der Fall Marco W., mein Fall, der sich allmählich entwickelte, entfachte später einen großen Streit darüber, ob türkische Polizisten, Staatsanwälte und Richter schlampig oder lustlos, oder gar beides zusammen, ermittelt hatten. Fest steht, dass der Prozess immer wieder verschoben wurde, weil Dokumente fehlten, um die sich vorher niemand bemüht hatte. Dass man keine Zeugen befragte oder vorlud und dass Übersetzungen aus dem Englischen ins Türkische angeblich Wochen dauerten, kümmerte auch keinen. Währenddessen verkümmerte ich in der Zelle!

Dabei hätte doch jeder erfahrene Mensch erkennen müssen, dass diese Anklage eine einzige Lüge war. Erst im Oktober, nach sechs Monaten Knast, sagte Carolina aus. Einen Monat später traf die Aussage ein. Auf Englisch. Bis zur Übersetzung ins Türkische verstrich noch mal ein weiterer Monat. Allerdings war sie in wichtigen Punkten mehrmals geändert worden. Als ich das hörte, brüllte ich vor Wut.

So schilderte es Carolina sinngemäß laut SPIEGEL: *Sie und ihre Schwester Anne hätten Alex, den Engländer, der Deutsch sprach, und seinen Freund Marco vor dem Hotellift kennengelernt. Man habe sich in einer Sitzecke niedergelassen. Schon dort hätten Carolina und Anne klar gesagt, dass sie 13 und 14 Jahre alt seien. Die Jungs wären „total nett" gewesen. Marco sei ein „freundlicher Typ", aber nicht besonders attraktiv.*

Doch wenig später, so las ich es aus dem SPIEGEL heraus, *widersprachen sich Carolina und ihre Schwester: Anne erzählte, alle drei, sie, Carolina und Maggy, die in der entscheidenden Nacht mit im Zimmer schlief, hätten sich an dem Abend ihre Schlafanzüge angezogen und noch auf dem Balkon gesessen. Plötzlich seien unten Marco und Alex aufgetaucht. Sie hätten laut hochgerufen. Aus Angst, sie könnten den ganzen Block wecken, hätten die Mädchen „alle zusammen beschlossen", sie einzuladen. Sie sollten doch lieber heraufkommen. Carolina sagte dagegen aus: Nein, wir haben sie nicht eingeladen. Die Jungs haben einfach an die Tür geklopft, sind ins Zimmer gestolpert, was man in England nicht mache, vielleicht aber ja in Deutschland. Anne und Maggy seien von soviel Frechheit regelrecht überrollt worden.*

Ihre Schwester Anne hatte es jedoch anders empfunden: Als „lustig"! Wir haben viel gelacht! Die Jungs seien ungefähr um 3 Uhr morgens gegangen.

Treffpunkt Disco. Zuerst behauptete Carolina, dort hätte es eine kleine Meinungsverschiedenheit mit Marco gegeben. Dieses widerrief sie beim zweiten Verhör. Alex und Anne hätten sich gezankt, weil Anne mit einem anderen Jungen getanzt hätte. Die Mädchen hätten sich um Mitternacht aufs Zimmer 5350 getrollt. Dann hätte Marco unten gestanden und hochgerufen: „Alex ist so unglücklich, vertragt euch doch wieder." Marco hätte Alex geholt. Die Mädchen hätten darum gebeten, dass beide nicht so schrien, sie sollten heraufkommen. Während Marco sich mit ihr und Maggy auf den Balkon verzogen hätten, hätten sich Anne und Alex ausgesprochen. Nach zehn Minuten sei ihr kalt geworden, sagte Carolina, sie habe an der Tür geklopft. Marco, Carolina und Maggy seien ins Zimmer gegangen, Alex und Anne hinaus auf den Balkon. Marco hätte am Fußende auf Carolinas Bett gesessen und sie hätten über das Wetter geredet. Dann hätte man sich nichts mehr zu sagen gehabt. Marcos Englisch sei sehr schlecht gewesen. Nach fünf Minuten hätten Maggy und sie fest geschlafen.

Der SPIEGEL zweifelte: *„Es gehört zu den Merkwürdigkeiten dieser Version, dass 13- und 14-jährige Mädchen binnen fünf Minuten eingeschlafen sein wollen, während ein fremder Junge nachts bei ihnen auf dem Bett saß. C. behauptete, den ganzen Abend keinen Schluck Alkohol getrunken zu haben, bei"* ...*dem anderen Mädchen wollte ihre Schwester...* *„beobachtet haben, wie sie vielleicht zwei Glas Wodka gehabt hätte. Aber erklärt das den geradezu komatösen Schlaf, in den"*... *diese...* *„gefallen sein soll? Und was erklärt den schlagartigen*

Tiefschlaf von C.?"

Carolina, so erfuhr ich später, gab zu Protokoll: Ein starker Schmerz im Unterleib hätte sie geweckt. Ich hätte halb auf ihr gelegen, gerade dabei, in sie einzudringen. Wörtlich: „Ich schlug ihn mit der Hand, wirklich hart." Sie hätte mich auch beschimpft, ziemlich laut, dann weggestoßen. Dabei hätte sie meinen Penis gesehen. Jetzt erst hätte sie bemerkt, dass ihre Schlafanzughose und die Boxershorts unten an ihren Füßen waren. Dass ich ihr zwei Hosen runtergestreift hätte, hätte sie im Schlaf nicht bemerkt.

Verwirrend, denn im April hatte Carolina in der Vernehmung noch so geklungen: *„Marco hat sein Geschlechtsteil an meinem gerieben, ohne Eindringen in die Scheide." (SPIEGEL)*

Carolina konnte angeblich die ganze Nacht nicht mehr schlafen, aus Angst, sie könnte schwanger geworden sein. Sie beriet sich mit ihrer Schwester und beichtete am nächsten Morgen ihrer Mutter. Die schleppte Carolina in die Sevgi-Klinik in Manavgat, Abteilung Gynäkologie. Der Arzt untersuchte Carolina und versicherte: „Nichts gerissen oder verletzt." Weil ihn die Engländer kaum verstanden, schrieb er das Wort Virgin (Jungfrau) auf ein Blatt Papier. Auf dem Gang schrie die Mutter ihre Töchter an: Wie sie so blöd sein konnten, wildfremde Jungs mit aufs Zimmer zu lassen. Da kam eine Krankenschwester mit der Botschaft, man habe Spermien bei Carolina gefunden.

Der SPIEGEL: „Dass es gerade mal vier tote Spermien waren, dass es nach einer Vergewaltigung viel mehr hätten sein müssen, was weiß diese Schwester davon?"

Carolina, so schreibt das Magazin weiter, *wollte nur noch ihre Ruhe. Keinesfalls wollte sie zur Polizei. Doch die Mutter befahl: Wir zeigen den Deutschen an. Schließlich hätten ihre Töchter noch nie sexuelle Erfahrungen mit einem Jungen gehabt, keinen Kuss, nicht mal Händchen halten.*

Carolina, die reine Unschuld also. Dabei hatte Anne zu Hause einen Freund.

Und ich war nun in diesem Bau, bewacht von Männern mit Maschinenpistolen. Durch die schmalen Fenster sah ich die Menschen auf der Straße laufen – frei! Wie sehnte ich mich in diesem Augenblick danach, auch da draußen zu sein. Im Gefängnishof rührte sich erst mal nichts. Nach etwa fünf Minuten führten sie mich in einen Raum. Ich musste wieder alles abgeben, Jacke und Schuhe ausziehen, wurde durch einen Metalldetektor wie am Flughafen geschleust und abgetastet. Ich musste die Hosentaschen nach außen stülpen. Eine schwierige Prozedur, denn – inzwischen waren mindestens zehn Uniformierte um mich – wir konnten uns eigentlich nur mit Handzeichen verständigen. Wenn ich nicht gleich begriff, guckten sie böse, und mich packte die Panik.

Danach ging es in ein Büro, in dem ein höherer Beamter noch mal meine Personalien in einen Computer tippte: Name, wann und wo geboren, Telefon- und Handynummer, Name und Alter, usw., dann auch von Vater und Mutter. Fertig. Ab in den Zellentrakt. Plötzlich befand ich mich hinter Gittern. Sie drückten meine Fingerkuppen auf das Tintenkissen, die Abdrücke aufs Papier, schrieben noch Größe, Gewicht, Augenfarbe und besondere Merkmale auf. Ich hatte aber weder Narben noch Tätowierungen. Nun schoben sie mich durch eine Tür in einen großen Raum. Dort saßen, standen, lehnten an der Wand oder kauerten auf dem Fußboden etwa 15 Männer.

Mir dämmerte es: Das waren alles Verhaftete, wahrscheinlich echte Verbrecher. Vielleicht aber genauso unschuldige Männer wie ich.

Einer von ihnen, mit ganz kurz geschorenem Haar, sprach mich auf Türkisch an. Ich zuckte nur mit den Schultern. Auf einmal fragte er in gutem Deutsch:

„Bist du aus Deutschland? Ist alles okay mit dir? Warum bist du hier?"

Ausländerzelle D 15

Der Türke, der mich auf Deutsch angesprochen hatte, wunderte sich: „Du als Deutscher in einem türkischen Gefängnis, das kann doch gar nicht sein! Was ist denn passiert?" Er trug ein sauberes Hemd, seine Hose war aus gutem Stoff, und er hatte ein offenes Gesicht. In meiner Not war ich froh, überhaupt mit einem Menschen reden zu können und erzählte ihm, so knapp wie möglich, das Abenteuer mit Carolina – ohne die Einzelheiten der verhängnisvollen Nacht. Er stutzte eine Sekunde, meinte dann: „Ein guter Anwalt holt dich ganz schnell wieder raus!" Man klammert sich an solche Sätze. Aber mir wurde plötzlich auch bewusst: Morgen ist Freitag, der 13. April, wenn das kein böses Omen ist.

Der Türke gestand mir, dass er zum zweiten Mal in diesem Gefängnis gelandet sei, allerdings nur wegen „Schlägereien und anderer Kleinigkeiten", deshalb kenne er sich gut aus. Er vermutete, dass ich in eine der Ausländerzellen eingewiesen würde. „Mit wie viel Mann?", fragte ich. „Viele, 25 oder 30", schätzte er. Oh nein, wieder überfiel mich eine Heidenangst, das ist doch unmenschlich. Wahrscheinlich liegen alle auf Matten auf dem blanken Beton, schwitzen, stinken und bedrohen mich, das halte ich nicht aus.

Einige andere Türken hatten gesehen, wie fertig ich war. Sie boten mir Zigaretten an, sprachen über meinen Fall und beruhigten mich. Der mit den kurzen Haaren übersetzte: „Ach, wenn nicht mehr vorgefallen ist, wird sich das aufklären, und du kannst nach Hause!" Dabei sahen sie mich aufmunternd an. Dass man hier so freundliche Menschen trifft …

Die dicke Stahltür schwang auf, ein Gefängniswärter in blauer Uniform – in Antalya heißen sie *guardians* – führte mich bis ans Ende des langen Ganges, bis zur Zelle D 15. Tür auf, ein Vorraum, überall Männerköpfe, die sich zu mir drehten. ‚Wo sind denn die Betten? Ach, da ist eine Treppe, vielleicht da oben! Wie begrüßt man die Männer hier? Am besten, du grüßt mal höflich mit „Hallo" und schüttelst jedem die Hand.' In dieser Sekunde knallte die Stahltür auch schon wieder zu, wurde verschlossen, nun war ich endgültig eingesperrt.

Später wurde mir bewusst, dass sie mich genau gemustert hatten: Man will wissen, wie gut oder schlecht der Neue drauf ist. Das ist nicht böse gemeint, grundsätzlich wird man als Leidensgenosse aufgenommen.

Hinter der kleinen Kammer lag der Ess- und Aufenthaltsraum, knapp 35 Quadratmeter groß, die Wände gelbbraun vom Rauchen. Dort saßen rund zwanzig Männer auf Stühlen oder Bänken. Einer klopfte mit der Hand auf eine Bank, ich sollte mich setzen. Ein zweiter fragte mich auf Englisch, ob ich was essen wolle. Ich war doppelt froh: Erstens, weil ich mich wieder verständigen konnte, und zweitens, weil mich tierischer Hunger quälte. Ich hatte ja fast den ganzen Tag noch nichts gegessen, es war inzwischen 22 Uhr

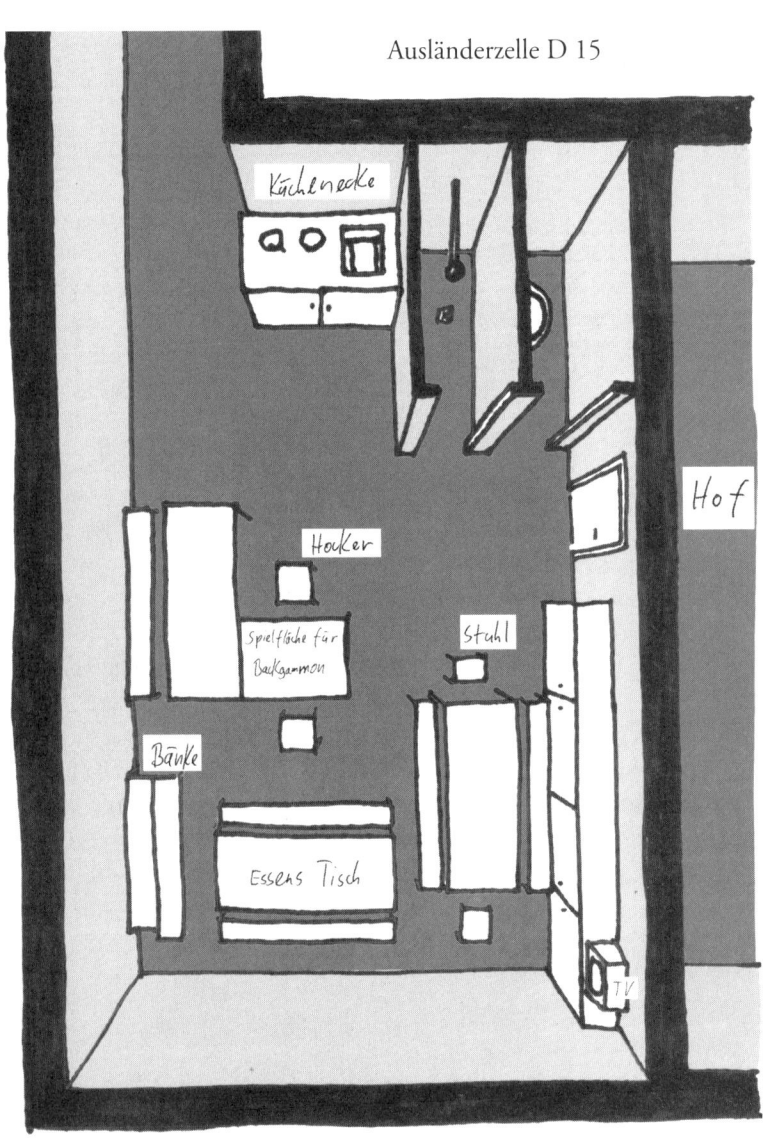

Erdgeschoss und Hof: Der Ausgang im oberen Bereich führte zur Treppe nach oben und hatte eine Tür zum Flur der Wärter.

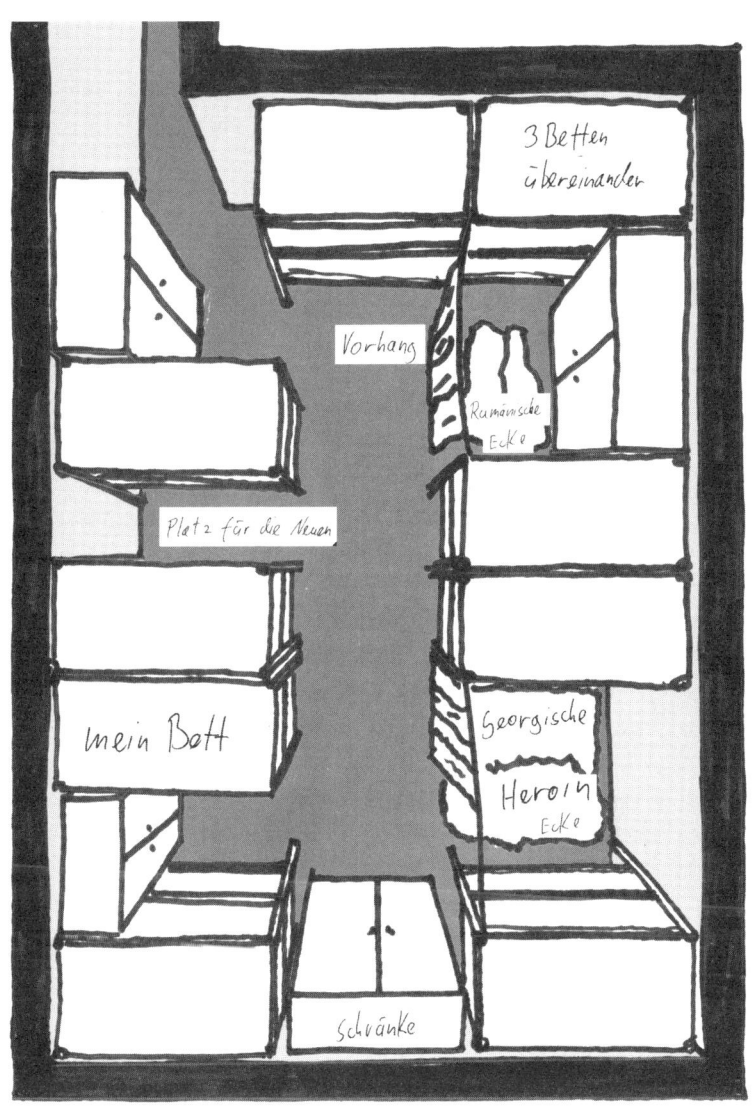

Obergeschoss: 27 Betten für bis zu 36 Gefangene.
Quälende Enge.

Sie brachten mir einen Teller mit Reis und Salat, dazu Wasser. Was ich angestellt hätte, wollten sie wissen. Rechtzeitig erinnerte ich mich an den Rat des Türken in der Wartezelle: „Sei lieber vorsichtig. Sag bloß nicht, dass du wegen dieser Mädchengeschichte geschnappt worden bist." Mir war klar geworden: Angebliche Vergewaltiger haben im Knast ein schweres Los, müssen oft Prügel einstecken. Da konnte ich hundertmal beteuern, dass ich sie nicht mal richtig berührt hatte.

‚Was schwindelst du nun? Raub, Diebstahl, das nimmt mir sowieso keiner ab.' Mir fiel gerade noch rechtzeitig ein: „Ich habe mich im Hotel mit einem *Security Guard* gekloppt." Meine Stimme zitterte, aber die Story schienen sie zu akzeptieren. Einem jungen Mann kann ja mal die Hand ausrutschen.

Danach zeigten sie mir den Schlafraum im ersten Stock. Eng an eng standen neun dreistöckige Betten aus Stahl für 27 Mann. Auf den Lattenrosten, ebenfalls Metall, lagen alte Matratzen, gefüllt mit Schaumstoff und Wollresten, durchgelegen und – wie ich bald spürte – bretthart. Laken fehlten, die musste man sich kaufen, Bettwäsche auch. Ich hatte ja nur meinen Beutel mit Zahnbürste und Seife mit. Die Männer, die hier zunächst den Ton für mich angaben, waren Rumänen. Sie quartierten mich im ersten Bett am Aufgang ein, ganz unten. War logisch, ein schlechter Platz, weil jeder daran vorbeischlurfte, man jeden Laut von unten hörte und auch das Licht vom Erdgeschoss störte. Meine Mitgefangenen liehen mir zwei alte, harte und kratzende Baumwolldecken. Immer noch besser als nichts. Eine breitete ich über die Matratze, unter die andere schlüpfte ich mit allen Klamotten an. Vorher hatten sie mir mal das Klo vorgeführt. Ein Loch im Boden, zwar mit Tür, aber kaputter Spülung, überall stand Wasser auf dem Boden. Man musste das Wasser aus einem Hahn in einen großen Becher füllen und nachschütten. Der Gefängnishof, ungefähr so groß wie die Zelle, zwischen hohen Mauern eingepfercht, hatte einen harten

Betonboden.

Ein Gelände für den Hofgang, manchmal mit Liegewiese und Sportgeräten oder gar einem Fußballfeld wie in Deutschland kennt man in der Türkei nicht. Da hat jede Zelle ihren eigenen, winzigen Freiraum.

Hier sollte ich vier Wochen ausharren? Dieser Gedanke raubte mir den Schlaf. Auch wenn ich mir immer mal einredete, ich würde durch eine glückliche Fügung wieder rauskommen. Es heißt ja: Die Hoffnung stirbt zuletzt.

Der Rumäne, der Englisch beherrschte, erklärte mir den „Countdown". Dreimal täglich würden die Häftlinge gezählt, morgens, abends und in der Nacht. Dreimal am Tag würde auch Essen geliefert. Als ich mich in meine Decken gewickelt hatte, stand ein anderer Rumäne vor dem Bett: Im Fernsehen läuft gerade Fußball, mit einem deutschen Verein, Werder Bremen. Ich wollte keinen mit einem „Nein" verprellen und setzte mich vor die kleine Glotze auf dem Schrank an der Wand. Viel kriegte ich nicht mit, war völlig mit meinen Problemen beschäftigt. Das dringendste: ‚Wann werde ich meine Eltern wiedersehen?' Man hatte mir nichts gesagt.

Nach dem Spiel wollte ich nur noch schlafen, für ein paar Stunden dieser bedrohlichen Wirklichkeit entfliehen. Ich wälzte mich von einer Seite auf die andere, plagte mich mit tausend Fragen, fand keine Antworten: ‚Warum trifft ausgerechnet mich dieses Schicksal? Wie geht das alles weiter? Werden sie in der Zelle morgen auch noch so freundlich sein? Wann kann ich einen Anwalt sprechen? Und, völlig abwegig: Vielleicht meldet sich bei Carolina doch noch das Gewissen und sie gibt zu, dass sie gelogen hat!'

Es blieb eine unruhige Nacht. Wenn ich eingedöst war, tappte wieder einer von unten hoch, genau an meiner Nase vorbei. In türkischen Haftanstalten gibt es keine festen Ruhezeiten, da wird auch nicht das Licht in allen Zellen ausgeknipst. Manche saßen bis morgens 2 Uhr beim Fernsehen, spielten Karten oder unterhielten sich. Dazu schepperte es nach Mitternacht immer an der Stahltür, wurde das Brot für den nächsten Tag durch die Luke gereicht.

Um 8 Uhr war das erste Zählen. Einer der Häftlinge rief: *saymak* (Zählappell). Wir hopsten aus den Betten. Frühaufsteher hatten bereits türkischen Tee gekocht, mit Zucker gesüßt. Sie reichten mir eine Tasse.

Vor dem Zählen wurde das Frühstück in zwei Eimern vor der Zelle abgestellt, einer holte sie rein. An diesem Samstag war das Schafskäse, in wässerigen Scheiben, dazu Oliven. Das Weißbrot hatten wir ja schon.

Überhaupt das Essen. Manchmal verwöhnten sie uns zum Frühstück mit einem Sirup als Aufstrich oder Sesambrei, meistens aber Käse. Mittags und abends: Reis, Nudeln, Eintopf, Kichererbsen, an besseren Tagen zerhackte Hähnchen mit Knochen und allem, kaum essbar, oder Hackfleisch. Schlimm war es, wenn man Durchfall und Bauchschmerzen hatte und die einzige Toilette besetzt war. Die Portionen waren klein, alles schmeckte fade. War wohl Absicht, damit die Leute nicht zu Kräften kamen und zu randalieren begannen. Wer sich nichts im Gefängnisladen kaufen konnte, war arm dran.

Zum *saymak* wurden wir in den Hof getrieben, mussten uns im Kreis aufstellen und selbst abzählen. Bis zu 15 Wärter beobachteten uns streng. Ich kannte keine türkischen Zahlen, darum bat einer der Zellengenossen um Nachsicht. Die Wärter konnten richtig biestig werden, wenn das Zählen nicht klappte.

Nach dem Appell blieben ein paar im Hof, die anderen eilten zum Frühstück oder verschwanden ins Bett. Meine Blase drückte, der Darm meldete sich auch, nun lernte ich die erste Lektion: Bei 25 Männern, später im Hochsommer drängten sich sogar 36 Mann in der Zelle, musst du entweder in der Morgendämmerung auf die Toilette oder solange verkneifen, bis sich der erste Ansturm mit den durchdringenden Duftschwaden gelegt hat.

Für mich war es besonders schlimm, weil das Klopapier fehlte. Die Muslime behalfen sich mit der linken Hand. Da krümmte man sich über dem Loch und die Knie schmerzten. Danach nahm ich immer Zeitungspapier mit.

Man muss ohnehin schnell lernen, sonst rutscht man durch auf den letzten Rang. Ich lernte. Im D 15 waren elf Georgier die mächtigste Gruppe. Ihr Anführer, ein altgedienter Knasti, spielte auch den *bashkan,* den Zellenchef.

Die Rumänen waren die Zweitstärksten. Denen wurde ich zugeteilt, bekam von ihnen Teller, Tassen und Löffel, durfte das auch in ihren Spind stellen. Dieses Schränkchen ist Vorratskammer und Verteilerstation der Gruppe. Der Chef sammelt alles ein und bestimmt, wie viel jeder zurückbekommt – natürlich erst, wenn er genommen hat. Sozialismus hinter Gittern, aber auch hier greifen die Bosse die Beute ab. Die Wärter wagten sich eigentlich nur bis zur Zellentür. Drinnen sollten die Gefangenen alles unter sich ausmachen. Hauptsache, es gab keinen Radau.

Ich legte mich wieder aufs Bett, war eingenickt, als ich meinen Namen hörte. Ein Wärter wartete an der Zellentür. ‚Es ist zu Ende‘, hoffte ich. Der Wärter führte mich in ein großes Zimmer, das in viele kleine Zellen aufgeteilt war. Hier durfte man sich vor eine vergitterte Glasscheibe setzen, auf der Gegenseite Besucher. Man konnte sich nur über ein Telefon unterhalten. Da kamen meine Eltern rein. Ich war überrascht: Dass ich sie jetzt schon sehen konnte! Vielleicht hatten sie gute Nachrichten!

Sie bestürmten mich: „Hast du genug zu essen? Was brauchst du zum Anziehen? Was ist mit Wäsche und so?" Das deutsche Konsulat in Antalya sei benachrichtigt. Vom Konsulat hatten sie eine Liste mit deutschsprachigen Anwälten erhalten. Sie wollten nachher einen Rechtsanwalt in der Nähe des Urlaubsortes anrufen und hofften, bald einen Termin dort zu bekommen. Ich konnte ihnen noch mitteilen, dass ich eine Decke, Bettzeug, Handtücher und Geld bräuchte. Dies kann man wohl irgendwo einzahlen. Wie das funktioniert, hatte ich noch nicht herausgefunden. Der Reiseleiter hatte mit meinen Eltern noch mal telefoniert und noch mal versichert, die Anklage würde sich in Luft auflösen. Nach zehn Minuten kommandierten die Wärter: „Aufstehen!" Die Besuchszeit war um. Mama flüsterte noch: „Halte durch, das wird schon werden. Papa bleibt ja hier!"

In der Zelle fragten alle: „Was war los?" Ich war so geknickt, dass ich am liebsten in die Matratze gekrochen wäre, allein mit meinem Kummer. Nur zehn Minuten mit meinen Eltern, dann auseinandergerissen, das war fürchterlich. Nun machte ich mir auch Sorgen um Mama und Papa: ‚Wie würden die beiden diesen Schicksalsschlag verkraften?' Die dünne Suppe aus Kichererbsen, das Mittagessen, konnte mich auch nicht aufheitern.

Nachmittags ging ich mit auf den Hof. Nichts Grünes, grauer Beton, zehn Meter hohe Mauern, man sah nur ein Stück Himmel, die Hitze staute sich, und das schon im April. Ich verzog mich in eine Ecke, in meinem Hirn kreiste alles um diese Frage: ‚Wie geht es weiter?'

Aus meinem Trübsinn holten sie mich nach wenigen Minuten: „Volleyball spielen!" Vier gegen vier auf einem Minifeld. Das

Netz bestand aus zwei Wäscheleinen, dazwischen waren Stücke aus verschlissenen Laken geknüpft. Im Gefängnis wird man erfinderisch.

Die Männer lobten, ich sei *çok big*, sehr groß, guter Mann für Volleyball. Die zwei Mannschaften zankten sich, bei wem ich mitspielen sollte. Darüber konnte ich auch nicht mehr lächeln. Ich hatte auch keine rechte Lust herumzuspringen. Es war mir nur nach Heulen zumute.

Oben am Himmel erschien ein Flugzeug, das gerade in Antalya gestartet war. Ich schloss die Augen und träumte einen Moment, ich säße in der Maschine.

Zellenleben zwischen Bangen und Hoffen

An die ersten Stunden und Tage im Gefängnis erinnere ich mich nur bruchstückhaft. Manche Szenen sind mir wie ins Hirn gebrannt, andere wie ausgelöscht. Denn oft war ich zwar körperlich da, aber geistig weit weg. Wenn man als Siebzehnjähriger so aus seinem fröhlichen Leben in ein solches Elendsdasein katapultiert wird und alle Stützpfeiler wegkrachen, dann empfindet man das wie einen Gruselfilm: Man stürzt und stürzt bis ans Ende der Welt und keiner fängt einen auf.

Du bist so ratlos wie nie zuvor, kennst nicht mal deinen nächsten Schritt, bist das hilflose Opfer einer Verleumdung. Du grübelst immer das Gleiche: ‚Warum? Warum? Warum?' Und: ‚Hat denn niemand Erbarmen?'

Vielleicht finden einige Leser diese Bekenntnisse ein wenig weinerlich. Ein junger Mann müsse sich doch mehr zusammenreißen. Tausende unserer Großväter hätten bis zu zehn Jahre russischer Kriegsgefangenschaft durchgestanden. Ich weiß inzwischen, dass ein Mensch oft viel Schrecklicheres aushält, als er sich selbst zugetraut hätte. Aber ich will in diesem Buch keine Heldenlegenden stricken. Ich bin kein Held und wollte nie einer sein.

Zum Abendessen gab es eine Kartoffel, ein paar Blättchen Salat, zwei Tomaten, ein Ei – und daraus mischte man sich eine Art Gemüsesalat. Als Besteck gab man uns nur Löffel. Aber wir hatten ein paar Löffelstiele scharf geschliffen, so dass wir damit wenigstens die Tomaten schneiden, die Kartoffeln pellen konnten.

Wenn das Brot fast aufgegessen war, konnte man die anderen Gruppen schon mal fragen, ob sie was übrig hätten. Es war ein Geben und Nehmen. Auf den Tischen standen auch Cola-Flaschen. ‚Woher hatten sie die?' Der Rumäne klärte mich auf: „Im Gefängnis haben sie einen Laden, die *cantina*." Wie auf ein Konto zahlte man dort Geld ein, bekam einen Bestellschein und schrieb seine Wünsche auf. Natürlich gab es nicht alles.

Das Angebot: Obst, Schokolade, Säfte, Duschgel, Bettwäsche, Handtücher. Aber das wichtigste war Trinkwasser. Und vor allem gab es die Telefonkarten für Gespräche in die Heimat. Wenigstens ein Lichtblick. Ich besaß ja nicht mal einen Kamm. Allerdings konnte man nur einmal in der Woche einkaufen. Im heißen Sommer hieß das, dass man sein Obst in ein oder zwei Tagen aufaß, danach war alles nur noch Matsch.

Im Laufe des Abends brachten mir die Rumänen auch dieses bei: Sie legten ihr Geld zusammen und bestellten auch für diejenigen, die gar nichts beisteuern konnten, die weder von Familie noch Freunden unterstützt wurden. Bitter, weil man sogar das Wasser in Flaschen bringen lassen musste. Wer aus dem Wasserhahn trank, blockierte später für Stunden die Toilette. So was musste ich am eigenen Leib nach und nach im Knast erfahren.

Ich hatte mitbekommen, dass manche telefonieren konnten, Faxe schrieben und auch welche bekamen. Einmal die Woche. Meine Mutter fragte sich draußen schon fusselig, weil sie mir natürlich schreiben wollte, aber niemand konnte ihr weiterhelfen. Meine Mitbewohner klärten mich auf, wie das funktionierte, und ich konnte meinen Eltern beim nächsten Besuch davon berichten.

Auch das Telefonieren erwies sich als schwieriger Akt. Mindestens einen Tag vorher musste man einen unterwürfigen Bittbrief an den Anstaltsdirektor schreiben und die gewünschte Nummer angeben. Die wurde geprüft, in meinem Fall vom deutschen Konsulat („Ja, das ist der Festnetzanschluss von Familie Weiss in Uelzen."). Ein

Bernd MARCO WEISS
CEZA EVI ANTALYA
D. 15

Lieber MARCO !

WIR HABE GESTERN DIE FAXNR VON
DEINEM AWALT BEKOMMEN UND WOLLEN
NUN GLEICH AUSPROBIEREN, OB ES
FUNKTIONIERT UND DU DAS FAX BEKOMMST
ES WÄRE SEHR SCHÖN, WENN WIR UND
DEINE FREUNDE DIR SCHREIBEN
KÖNNEN. GANZ VIELE DENKEN AN
DICH, AUCH SASCHA ÜBERLEGT VIEL
WIE ER DIR HELFEN KANN, LIEBE
GRÜSSE AUCH VON IHM. ER MUSS WIEDER
HAUS UND KATZEN HÜTEN. WIR DENKEN
JEDEN TAG AN DICH UND HABEN DICH
SEHR LIEB. MAMA u. Papa

Mein erstes Fax von Mama und Papa

54

Wärter passte dann am Bildschirm der Zentrale auf, dass man keine andere Nummer wählte. Sie erlaubten auch, dass man Faxe, die man vorher bezahlt hatte, abschickte, natürlich auf Antrag und mit Kontrolle. Verblüffend war, dass man jede Menge Faxe empfangen konnte. Die wurden natürlich auch kontrolliert und kamen oft erst mit mehrtägiger Verspätung an.

Die Woche hatte ihr festes Programm: Montags einkaufen, dienstags telefonieren, donnerstags Zehn-Minuten-Besuch hinter der Glasscheibe, einmal im Monat freitags der „offene Besuch". Da durfte ich meine Eltern ohne Glasscheibe treffen, sie sogar umarmen.

Durchschlafen konnte ich nie. Irgendein Geräusch weckte mich immer. Nach Mitternacht stiefelte ein Trupp Wärter zum letzten *saymak* durch die Zelle. Immerhin brauchten wir nicht aus den Betten zu springen.

Oft schreckte ich hoch und stand schweißgebadet neben dem Bett. Um das Gefängnis herum gab es mehrere Wachtürme, einer direkt bei unserer Zelle neben der offenen Luke. Die Wachen pfiffen nachts alle 10 Minuten mit ihren Trillerpfeifen von den Türmen, wohl um selbst nicht einzuschlafen. Später blieb ich zwar im Bett liegen, aber an diesen Lärm konnte ich mich nie gewöhnen. Es war, als wenn man alle paar Minuten wachgerüttelt würde. Morgens war ich dann total fertig. Dieser Schlafentzug war eine Folter für mich.

Am nächsten Morgen wollte ich duschen. Die Rumänen hatten mir ein Handtuch geborgt. Aber wie duschen? Die Brause war kaputt, man musste kaltes Wasser aus einem Bottich schöpfen und über sich gießen. Im April war es so früh noch recht frisch. Im Sommer, bei 50 Grad, war diese Urzeit-Dusche eine Wohltat. Meistens ging ich sofort nach der Toilette nebenan in den Duschraum, um mir den ganzen Ekel abzuwaschen. Stellen Sie sich mal 36 Mann vor und nur ein Loch im Boden als Klo. Zum Erbrechen!

Ekelhaft waren auch die Wände. Schimmel wucherte überall, Farbe und Putz bröckelten, Ausdünstungen hingen in den Mauern. Tische und Stühle waren abgeschabt, die Bänke bogen sich durch. Im Sommer schwirrten Schwaden von Fliegen. Die meisten Männer rauchten, der Qualm zog recht zäh ab, aber das störte mich weniger. Denn dadurch stieg einem zumindest der durchdringende Gestank nicht so in die Nase. Wie sollte man sich in diesem Schweinestall auch sauber halten? Die Männer, die hier schon länger eingekerkert waren, hatten wohl aufgegeben. Manche duschten oder wuschen sich eine Woche nicht, ihre Hemden – in denen sie nachts auch schlafen mussten – verbreiteten eine Wolke menschlicher Ausdünstungen. Wäsche waschen, das war denen zu anstrengend.

Es gab auch keine Wäscherei. Alles musste man mit der Hand rubbeln, wringen und bürsten. Aber zuerst war man gezwungen, sich am Teekocher anzustellen, um Wasser zu erhitzen. Das goss man in einen der Bottiche, gab Waschmittel dazu und weichte ein. Dünnes, wie T-Shirts, bekam man auf diese Weise noch sauber, aber eine Jeans oder gar eine dicke Wolldecke, das artete in Schufterei aus. Man stapfte im Bottich auf ihnen herum, weil die Kraft der Hände nicht ausreichte. Ich besaß am Anfang nur Jeans, und die waren bei 30 Grad im April schnell durchgeschwitzt.

Meine Eltern versuchten, mir leichte Klamotten zu bringen, vor allem kurze Hosen. Sie wunderten sich, dass sie jedes Mal mit einem unerbittlichen „Nein" abgewiesen wurden. Bis Ahmet, der Anwalt, herausfand, dass man „Sommersachen" erst Mitte Mai abgeben durfte – weil für türkische Gefängnisbehörden erst dann das Sommerwetter beginnt.

Im Sommer wurden die Zellen auch häufiger desinfiziert. Ein Trupp mit großen Spritzen und Mundschutz besprühte Wände und Boden der Zelle, wir flüchteten in den Zelleninnenhof. Doch das giftige Zeug hing noch stundenlang in der Luft, und abends wurden wir wieder eingesperrt. Alle klagten über Kopfschmerzen, die meisten lagen wie nach einem K.O. auf den Betten. Ein deutscher Landwirt hätte nicht mal seine Tiere so einnebeln dürfen. Beschwerden machten keinen Sinn. Vorschrift! Aus!

Jeden Sonntag war Putztag. Decken, die zwischen den Betten als Teppiche ausgebreitet waren, wurden hochgelegt, die Flaschen unter den Betten hervorgefischt und nach oben gelegt. Dann schleppten einige Männer vier Bottiche (eigentlich Mülleimer) mit je 50 Litern Wasser rauf, verrührten Waschpulver, tauchten kleine Besen mit höchstens zehn Zentimeter Breite in die Lauge und schrubbten damit den Boden. Sobald alles ordentlich nass war, kehrten sie das Wasser zur Treppe, bis es nach unten lief. Unterhalb der Stiegen war ein Loch, von dort sickerte die Brühe in den Hof. Tische und Stühle wurden aus dem Aufenthaltsraum getragen, auch hier Waschwasser auf den Boden gegossen und in den Ablauf der Dusche gelenkt. Auch die Toilette wurde gesäubert. Eine Schweinearbeit.

Alle Mann machten mit. Ich hatte mir einen Besen geschnappt, wollte guten Willen zeigen. Nur die Chefs saßen im Hof und plauderten in aller Ruhe, bis die Unterkunft wieder trocken war. Am Nachmittag wurde „Besuch für Marco" gemeldet. In einer Kabine wartete ein Mann im Anzug. Er stellte sich auf Deutsch vor: „Ich bin türkischer Anwalt. Deine Eltern haben unsere Kanzlei über euer Konsulat angesprochen und uns beauftragt, dich zu verteidigen." Ich sollte die Nacht mit dem Mädchen noch mal haargenau schildern. Er würde mir danach erklären, wie ich mich vor Gericht verhalten solle. Nachdem er aufmerksam gelauscht hatte, empfahl er: „Wenn dich Richter oder Staatsanwalt fragen, ob du Geschlechtsverkehr hattest, schweigst du!"

Das verstand ich nicht. Es war doch gar nicht zum „Geschlechtsverkehr" mit Carolina gekommen. Der Anwalt wunderte sich: „Im Protokoll deiner ersten Vernehmung steht das aber!" Da hatten die Übersetzer den für mich allerschlimmsten Fehler gemacht, an der wichtigsten Stelle. Ich betete noch mal runter, was alles geschehen war, und fragte, wann denn nun mein Prozess sei. Der Anwalt vermutete auch nur: „So in vier Wochen, vielleicht ein bisschen früher". Ich bat ihn, meinen Eltern auszurichten, dass ich was zum Anziehen benötigte und sie bitte Geld bei der *cantina* einzahlen sollten.

Als ich wieder in der Zelle hockte, reichte der Wärter einen Beutel rein. Ich packte eine Hose, Unterwäsche und Socken aus – die Sachen, die meine Eltern bei der Gefängnisverwaltung abgegeben hatten – und legte alles in einen leeren Spind, den man nicht absperren konnte. Den gelben Zettel, auf dem ein Beamter bestätigt hatte, welche Wertsachen mir abgenommen worden waren, verbarg ich unter meinem Kopfkissen. Wer dieses gelbe Papier verlor, bekam nämlich nichts zurück, wenn er wieder freigelassen wurde.

Wenig später präsentierte mir einer der Rumänen den Einkaufszettel aus der *cantina*. Die Anwälte hatten Geld hinterlegt. Man musste natürlich auf Türkisch bestellen. Ein Rumäne half mir: Telefonkarten, Gebühren für Faxe, Papier, Kugelschreiber, Handtuch, Seife, Rasierer mit fester Klinge, Wasser, Cola, Zigaretten. Zwei Mann aus der Zelle holten die Einkäufe ab, rollten sie in Behältern in den Vorraum. Hier wurde verteilt. Ich erhielt zwar das Notwendigste, durchschaute aber, dass sich die Rumänen auf meine Kosten Telefonkarten geleistet hatten.

Mir passte das gar nicht. Warum sollte ich die für die anderen bezahlen? Aber noch wagte ich nicht, mich zu beschweren. Ich war ja froh, dass die mit mir sprachen. Außerdem hatten sie mir ja auch geholfen, das hatte eben seinen Preis. Das Leben in der Zelle war sowieso ein Eiertanz: Sag' nichts Falsches! Guck' keinen böse an, immer freundlich bleiben! Wie viel vom Essen darfst du nehmen? Wo setzt du dich beim Fernsehen hin? Musst du auch deine Cola mit ihnen teilen oder es wenigstens anbieten? Warum sacken die meine Zigaretten ein und verwahren sie im Spind? Muss ich sie beim Backgammon gewinnen lassen?

Aber, welche Wonne, ich konnte jetzt ein Laken über die Matratze breiten, die Decke in einen Bettbezug stopfen und das Kopfkissen beziehen. Inzwischen hatte ich ja riechen müssen, wie versifft das Bett war. Die Matratze hatte bestimmt schon zehn Jahre da gelegen, ohne dass sie gereinigt worden war.

Eine ganze Woche war seit meiner Verhaftung vergangen. Am Dienstag kam mein Vater wieder ins Gefängnis und brachte mir Hemden, Hosen und Wäsche. Sie erlaubten ihm sogar, mich im Besuchsraum zehn Minuten zu sehen – eine „große Ausnahme" wie die Wärter betonten. Papa verbreitete Optimismus: „Das dauert nicht lange, die können dich doch gar nicht festhalten". So sollten wir uns noch die nächsten Monate gegenseitig aufrichten müssen: Meine Eltern machten mir Hoffnung, und ich beklagte mich so wenig wie möglich, damit sie nicht mit zentnerschweren Sorgen nach Deutschland fliegen mussten.

Mein erstes Fax schickte ich an die türkischen Anwälte. Ich hatte gerade gehört, dass am Freitag dieser ersten Woche „offener Besuch" gestattet war. Ich befürchtete, dass meine Eltern nicht rechtzeitig benachrichtigt werden würden. Denn für die Besuchserlaubnis mussten sie erst zum Konsulat, dann zum Staatsanwalt. Der war erst ab 9.00 Uhr zu sprechen, die Besuchszeit begann um 11.00 Uhr. Man bekam diese Erlaubnis nur am gleichen Tag, das war jedes Mal ein Wettlauf.

Einmal, Monate später, hatte sich das Flugzeug meiner Mutter verspätet. Sie erreichte den Staatsanwalt erst nach 11.00 Uhr, also wurde der Besuch abgelehnt. Ihr Flug in die Türkei und zurück war für die Katz gewesen. Und ich hatte keinen blassen Schimmer, warum Mama nicht auftauchte, und war am Boden zerstört.

Später freute ich mich immer den ganzen Monat lang auf diesen „offenen Besuch", sehnte ihn herbei und konnte in der Nacht davor an nichts anderes denken: Das Gefühl, wenn man Mama und Papa endlich wieder umarmen, sie spüren darf! Da wurde ich dann ruhiger, fühlte mich beschützt, mochte nicht loslassen. Doch nach einer Stunde mußte ich mich wieder von ihnen trennen. Es war wie ein heftiger Stich. Ich wünsche keinem, dass er das erleben muss.

Beim ersten Mal schauten mich meine Eltern natürlich ganz genau an: „Wirst du denn gut behandelt? Was können wir dir noch schicken? Hast du genug zu essen?" Mich interessierte am meisten, wann der Prozess stattfinden würde. Unbefriedigende Antwort: „Wir wissen auch nur so viel, dass es wohl in vier Wochen sein wird." Mama hatte es hingebogen, dass sie noch bis zu diesem ersten Freitag in Antalya bleiben konnte. Doch zum Wochenende musste sie nach Deutschland zurückfliegen, um einen Teil nachzuarbeiten. Ich drückte ihre Hand ganz fest, und sie tröstete mich, dass Papa auf alle Fälle länger bleiben und über Konsulate und Anwälte meinen Fall vorantreiben würde. Ich dachte ein paar Sekunden daran, dass es bis zum nächsten „offenen Besuch" einen quälenden Monat dauern würde, doch dann winkte ich innerlich ab: ‚Da bin ich schon längst draußen!'

Wie konnte ich ahnen, dass meine Seele noch acht Monate auf dieser Achterbahn von Hoffnung und Trübsal hin- und hergeschleudert werden würde. Je öfter man enttäuscht wird, desto härter trifft einen zunächst die Keule, später erwartet man dann sowieso nichts mehr. Nur die Liebe und der Zuspruch meiner Eltern bewahrten mich vor dem Zusammenbruch.

Die Mithäftlinge begriffen das. Einer sagte: „Wenn du weißt, dass du Scheiße gebaut hast, dann sitzt du deine Zeit leichter ab. Wenn du aber weißt, dass du nichts verbrochen hast, dann ist es doppelt schlimm. Dann ist es die Hölle!"

Es war auch deshalb die Hölle, weil ich mir immer wieder Vorwürfe machte: ‚Wäre ich bloß nicht in das Zimmer gegangen! Hätte ich mich bloß nicht auf Carolinas Bett gelegt! Und nun leiden meine Eltern! Mein Vater, der noch gegen seine lebensgefährliche Krankheit kämpft! Was kostet dieses idiotische Missverständnis an Nerven und Geld!'

Dann zogen Wunschbilder durch meinen Kopf: Ich wieder in Uelzen, in meiner Klasse (ich würde selbstverständlich fleißiger für den Realschulabschluss lernen), abends am Computer, die Welt auf meinem Bildschirm, Partys, THW-Übungen mit meinen Freunden, Autofahren, Kuscheln mit meinen Katzen, ein weiches Bett – also ein Leben wie immer.

Heute habe ich begriffen, wie wunderbar ein ganz normales Leben ist. Heute genieße ich jeden Tag und danke abends dem lieben Gott dafür. Bis dahin war es allerdings ein langer und dorniger Weg.

Der erste Prozesstag

Hätte ich vor unserer Türkei-Reise gelesen, dass man im Gefängnis nicht zu arbeiten braucht, tagsüber schlafen und nachts bis in die Puppen fernsehen kann, dann hätte ich sicher herumgealbert: Das ist doch ein Bombenurlaub! Aber wenn man selbst in dieser tödlichen Langeweile versinkt, sieht die Welt nur noch düster aus. Am Anfang hatte ich ja nichts, was mich hätte ablenken können: keine Zigaretten, keine Magazine, keine Bücher.

Einziger Zeitvertreib waren Spiele. Aus Pappen hatten sich die Häftlinge ein Backgammon gebastelt, die Figuren aus Flaschenkorken. Es gab auch noch ein Schachbrett und Karten aus bemalten Kartons, die mussten wir aber immer verstecken. In der Türkei ist Glücksspiel verboten. Erlaubt waren Sportgeräte, z.B. zum Gewichtheben. Da hatten sie gefüllte Wasserflaschen an Besenstielen festgebunden. Die Hanteln stemmte man, damit der Körper nicht völlig einrostete.

Eine innere Stimme warnte mich: ‚Stell' dich auch gut mit den Georgiern, du weißt nie, was kommt!' Zumal ich mit den Rumänen meinen ersten kleinen Streit ausfocht. Als wir den nächsten Bestellzettel für die *cantina* ausfüllten, schrieben sie auf meinen noch andere Artikel drauf. „Wieso das?", protestierte ich. Weil das eben jeder tun müsse, knurrten sie. Ich gab klein bei, obwohl ich wusste: Damit war das Geld, das meine Eltern jede Woche einzahlten, schnell weg. Sechs Flaschen Wasser kosteten 1,50 Euro, eine Cola genauso viel.

Deshalb beschloss ich: Meine Eltern sollen weniger Geld einzahlen, das genügte für die wichtigsten Bedürfnisse, auch für Kekse, Bonbons und Zigaretten. Den Rumänen erklärte ich, dass meine Familie auch sparen müsste. Damit gaben sie sich zufrieden. Nur die Zigaretten verteilte der Chef weiter nach Gutdünken, mal drei, mal vier Päckchen für mich. Ich fühlte mich richtig unterdrückt. Genauso unfair empfand ich es, dass beim Sonntagsputz immer einige faul im Bett lagen, während der Rest brav schrubbte.

Zwischendurch besuchten mich Mitarbeiter des Konsulats und meine Anwälte. Ob sie schon von einem Prozesstermin wüssten, fragte ich. Nein. Auch sie warteten auf einen Termin vor Gericht! Ein paar Mal ging mir auch Carolina durch den Sinn: ,Warum tat sie mir das an?' Darauf gibt es bis heute keine Antwort.

Meine Eltern hatten versucht, im Hotel noch mal mit Carolinas Mutter und dem Stiefvater zu reden, aber die weigerten sich, versteckten sich dann sogar. Von anderen Hotelgästen hörte Papa, Carolina sei weinend durch die Anlage gelaufen. Ob das meinetwegen war, weil sie ja mitbekommen hatte, dass man mich ins Gefängnis gesteckt hatte? Sie soll zu einem Kellner im Hotel weinend gesagt haben: „Das habe ich nicht gewollt!"

Die Tage schlichen dahin, nur unterbrochen durch die Besuche von Mama und Papa und den Anwälten. Nach dreieinhalb Wochen ging es mir richtig schlecht, noch immer war keine Verhandlung angesetzt. Und als ich mich etwas aufgerafft hatte, weil ich wieder glaubte, bald werde dieser Albtraum vorbei sein – da brachte mir meine Mutter schonend bei: „Das Gericht wird erst in fünf Wochen tagen, Anfang Juni!" Dreieinhalb Wochen plus fünf Wochen, das ergab zwei Monate, unvorstellbar! Ich weinte, Mama weinte, ich war sprachlos: Einen weiteren Monat ausharren! Das raubte mir die letzte Kraft.

Der Knastfraß rumorte in meinem Bauch, ich rannte oft zur Toilette, Hemden und Hosen schlotterten, ich magerte ab zum Gespenst. Ich war leer, im Körper wie im Kopf. Ich litt unter dem Schlafmangel und der zunehmenden Hitze und der Enge.

Obendrein plagt mich schon seit Jahren Neurodermitis (Hauterkrankung, bei der sich die stark juckende Haut permanent entzündet und aufreißt) und leichte Asthmaanfälle. Wenn ich gute Medikamente erhielt und mich nicht aufregte, war es auszuhalten. Doch jetzt, in der verdreckten und völlig verschimmelten Zelle, mit Heerscharen von Milben und anderem Ungeziefer in den Betten, dazu der seelische Stress, brachen die Krankheiten ungehindert aus. Es juckte am ganzen Körper, ich hustete wie ein alter Mann. Meine Eltern brachten zwar die wirksamsten, originalverpackten Arzneien mit, durften sie mir jedoch nicht geben. Verboten! Die befürchteten wohl trotzdem, dass ganz andere Pillen in den Packungen sein konnten.

Meine Haut war bereits von oben bis unten blutig gekratzt. Mein Hals schmerzte. Ich fragte nach dem Gefängnisarzt. Im Prinzip half der auch, aber erst nach mindestens einem Tag: Antrag stellen, Antrag prüfen, Antrag zurück. Ernsthaft krank werden oder sich verletzen, das musste man hier vermeiden. Der Arzt verschrieb mir wenigstens Medikamente, die ich in der *cantina* kaufen konnte. Es war wirklich eine Leidenszeit. Oft quälte mich die Grippe, ich krümmte mich vor Rückenschmerzen, Durchfall begleitete mich während der gesamten Haft, und der Magen piesackte mich mit heftigsten Stichen. Nur – eine Magenspiegelung in diesem Gefängnis?! Da biss ich lieber auf die Zähne!

Ich wurde immer schwächer. Deshalb blieb ich am nächsten Sonntag liegen, obwohl ja wieder Putzen auf dem Programm stand. Einer aus unserer Gruppe, kein Rumäne, wollte mich hochscheuchen, brüllte und drohte mit Schlägen. Mir war alles egal: „Lass mich zufrieden. Ich habe schon vier Sonntage sauber gemacht, ich kann nicht, ich bin zu schwach!" Der Kerl ballte die Faust, doch die Rumänen stießen ihn zurück. Sie empfahlen mir aber mitzuhelfen. Da erhob ich mich dann doch, neuen Ärger wollte ich nicht provozieren.

Eine Woche vor dem Prozess nahmen mich meine Anwälte ins Gebet. Ich sollte einen guten Eindruck machen. Ordentlich rasieren, die beste Jacke und Hose anziehen, nicht laut, aber deutlich sprechen, sofort antworten und – ganz wichtig – dem Richter nicht in die Augen schauen. Das könnte der als respektlos übelnehmen. Ansonsten sollte ich die Wahrheit sagen, die zehn Minuten in Carolinas Bett allerdings ausklammern. Denn in der Türkei – wie in den europäischen Ländern, auch in Deutschland – ist sexueller Kontakt mit Jugendlichen unter vierzehn Jahren strafbar. Aber ich hatte mir ja nichts vorzuwerfen. Ich war ja davon ausgegangen, dass Carolina fünfzehn war.

So verrückt das klingen mag, ich freute mich auf den Prozess. Er konnte doch nur so enden, dass ich meine Sachen packen und mit meinen Eltern nach Hause fliegen würde. Ich lächelte wieder, war beim Sport eifrig dabei, unterhielt mich häufiger mit den anderen, las sogar in zwei deutschen Büchern, die in der Zelle herumlagen. Ich fühlte mich in einem echten Stimmungshoch, wie vor einer Bescherung.

Prozesstag war der 8. Juni 2007. Früh aufstehen, frisch geduscht vor den Richter treten, noch eine rauchen, die guten Wünsche der Mithäftlinge mitnehmen, von einem Bein aufs andere trippeln. Ein Wärter rief die Namen derjenigen auf, die zur Verhandlung geladen waren. Vor dem Metalldetektor am Ende des Ganges mussten wir uns bis auf die Unterhose ausziehen, wurden abgetastet, und die Kleidung wurde durchleuchtet. Dann wurden jeweils zwei Mann mit einer Kette aneinandergefesselt, ich zum Glück an einen aus meiner Zelle. So wurden wir, 18 Mann, in den Gefängnistransporter gepfercht, der für höchstens 10 Personen gedacht war. Dazu kamen noch sechs Wachleute, getrennt von uns durch ein Gitter. Wir mußten während der Fahrt stehen.

Gefangenentransport: Bewacht wie ein Schwerverbrecher.

Es war heiß, durch zwei Schlitze drang kaum Luft rein, alle schwitzten wie verrückt. Ein paar fragten, wo ich herkomme und warum ich hier drin gelandet sei. Mein Kettennachbar, der leidlich Englisch konnte, übersetzte. Ich musste ja bei meiner Geschichte bleiben: „Wegen einer Schlägerei!"

Die meiste Zeit starrte ich durch eines der kleinen Fenster. Draußen lachten Menschen, Männer hielten ihre Frauen oder Kinder an der Hand, bewegten sich frei. ‚Heute Abend bin ich bei denen da draußen', so würde es sein.

Im Gerichtsgebäude wurden wir 18 in eine etwa 20 Quadratmeter große Zelle gestopft, in der schon weitere 30 Gefangene standen und um ein bisschen Platz kämpften. Nun standen wir zusammengepfercht wie Vieh. Immerhin hatten sie uns die Ketten abgenommen und wir durften rauchen. Nach und nach wurden die meisten zur Verhandlung geholt. Um 9 Uhr war ich hier angekommen, um 12 Uhr wartete ich noch immer, als ein Wärter durch die Gitterstäbe verkündete: „Jetzt macht das Gericht Mittagspause." Toll, hier gab es nichts zu essen und zu trinken. Der Boden war so dreckig, dass ich mich nur an eine Wand lehnen konnte.

Endlich, zwischen 14 und 15 Uhr, wurde ich gerufen und in einen Raum hinter dem Gerichtssaal gebracht. Kurz darauf kamen die beiden Anwälte, mein Vater und eine Dolmetscherin. Meine Mutter war in Deutschland geblieben. Sie hatte für mich einen Rückflug für die Nacht gebucht und wollte mich vom Flughafen abholen. Zu Hause hatte sie alles für meine Heimkehr vorbereitet. Wir waren ganz sicher, dass es nun endlich nach Hause gehen würde.

Ich war jetzt schon ein Nervenbündel. Eine Eskorte von fünf Polizisten, teilweise mit Maschinenpistolen, führte mich in den Saal.

Vorne saßen die drei Richter auf einem Podest, daneben der Staatsanwalt, links von mir die Übersetzerin, rechts meine Anwälte. Die Polizisten umringten mich mit ihren Maschinenpistolen die ganze Zeit. Da kriegt man schon ein mulmiges Gefühl. Mein Vater setzte sich in die Zuschauerreihen hinter mir. Die Gewissheit, dass er da war, gab mir Kraft.

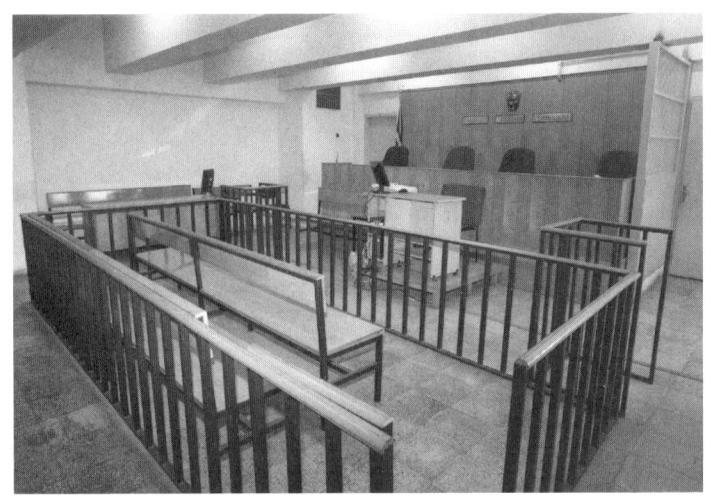

Der Gerichtssaal: Monatelang Ort zerstörter Hoffnungen.

Erst redeten Staatsanwalt und Verteidiger, der Vorsitzende Richter fragte dazwischen, dann war ich mit meiner Aussage dran. Fast am Ende unterbrach der Richter: Warum ich in der ersten Vernehmung zugegeben hätte, dass ich „Geschlechtsverkehr" mit Carolina gehabt hätte. Ich berichtigte, dass müsse ein Übersetzungsfehler sein, weil ich damals nur von „Zärtlichkeiten im gegenseitigen Einverständnis" gesprochen hatte. Außerdem hätte Carolina nicht wie 13 ausgesehen und mir gegenüber ihr Alter mit 15 angegeben. Nun wurde der Bericht des Arztes aus Manavgat verlesen: Carolina sei noch Jungfrau, man habe jedoch vier tote Spermien am Rand der Scheide gefunden. Die Umstände schlossen eine Vergewaltigung aus. Außerdem habe der Arzt das Mädchen zuerst auf 16 bis 17 Jahre geschätzt.

In diesem Augenblick rutschte eine Zentnerlast von meinen Schultern. Jetzt war doch alles geklärt. Das war doch wie ein Freispruch! Gleich kann ich nach Hause.

Die Richter wollten sich beraten. Alle anderen mussten den Saal verlassen, durften nach fünf Minuten dann wieder hereinkommen. Der Richter sprach, meine Anwälte senkten die Köpfe. Die Sätze der Dolmetscherin trafen mich und meine Eltern wie ein Hammerschlag: „Das Gericht hat den Prozess vertagt. Es müssen noch Dokumente angefordert werden. Es wird weiter Haft angeordnet."

Sofort packten mich zwei der Polizisten an den Armen. Ich schaffte es gerade noch, zu meinem Vater zu blicken. Er rief mir nach: „Wir tun alles, was möglich ist. Marco, bleib stark!" Schon wurde ich auf die Treppe nach unten gezerrt.

Natürlich heulte ich. Solch ein krasses Unrecht, das war doch nicht möglich. Der Magen krampfte sich zusammen, mir war schwindelig. Wie sollte es nun weitergehen? Noch mal einen Monat in diesem Loch, das würde ich niemals aushalten. „Lieber Gott", flehte ich immer wieder innerlich, „das kannst du doch nicht zulassen!"

Zur gleichen Zeit plagten mich meine Vorwürfe, ratterten ganze Jahre wie in einem superschnellen Film ab: Dass ich oft patzig zu meinen Eltern gewesen, zu spät nach Hause gekommen war, die Tür zu meinem Zimmer zugeknallt oder sie angefahren hatte: „Lasst mich bloß zufrieden!" Manchmal hatte ich sie auch angelogen. Jetzt, wo ich so hilflos war, bereute ich alles und schwor: ‚Wenn du rauskommst, wirst du dich gewaltig ändern.' Denn nun spürte ich, was ich ohne meine Eltern war: verdammt einsam!

Die Gedanken wirbelten durch meinen Kopf, bis sie sich vermischten, ich gar nichts mehr mitkriegte. Doch ich ermahnte mich selbst: ‚Hör auf mit dem Weinen! Wenn die anderen dich so sehen, verachten sie dich als Feigling'. Wir wurden wieder aneinandergekettet, in den Bus geladen, im Gefängnis abgeliefert. In der Zelle bestürmten sie mich: „Darfst du jetzt nach Deutschland?" Nein, ich musste bleiben – und eingestehen, dass ich gelogen hatte.

Denn der Mann, mit dem ich morgens zusammengekettet war, hatte von einem Wärter im Gericht erfahren, weshalb ich also tatsächlich angeklagt war, und es den anderen erzählt. Für mich eine brenzlige Situation. Einer nahm es noch lustig: „Du kannst uns doch verraten, was du mit der kleinen Engländerin angestellt hast." Aber an den anderen Gesichtern erkannte ich, dass sie böse waren. Meine einzige Chance war die Flucht nach vorn, ich erzählte die Geschichte noch mal von vorn. Vielen genügte das nicht, sie schimpften weiter: „Du hättest das von Anfang an zugeben müssen." Die Rumänen schlugen sich auf meine Seite: „Er ist doch noch so jung und hat sich eben gefürchtet. So schlimm ist das doch nicht."

Die Nacht lag ich wach. Alles erschien mir ausweglos. Ich fürchtete, dass mich doch noch einer angreifen könnte. Oder dass sie mich abweisen, wie einen Ausgestoßenen behandeln würden. Am nächsten Tag ging die Fragerei dann auch gleich weiter: „Hast du wirklich nicht mit ihr geschlafen? Warum hat sie dich dann angezeigt?" Was sollte ich darauf antworten? Ich wusste es ja selbst nicht.

Einer der Anwälte besuchte mich auch: Ich dürfe nicht verzweifeln. Der Richter habe nicht gegen mich entschieden. Aber ohne neue Unterlagen, zum Beispiel das Gutachten eines anderen Arztes, könne er nicht urteilen. Außerdem benötige man eine weitere persönliche Aussage von Carolina. Wut kroch in mir hoch. ‚Warum hat der Richter das alles nicht in den letzten Monaten besorgt, wenn es so wichtig war?' Denn ich hockte hier und mein Leben hing davon ab, dass endlich was geschah.

Verbotene Strandliebe

Der Innenhof eines Gefängnisses in Antalya (Türkei). Die Haftbedingungen in der Türkei gelten als katastrophal. Marco W. lebt unter Schwerverbrechern

▲ Am Strand von Antalya verliebte der Deutsche sich in eine junge Engländerin

Sozial engagiert: Realschüler Marco W. (17) bei einer Übung des Technischen Hilfswerks

Ein trister Gefängnisflur. Seine Eltern darf der junge Deutsche nur zehn Minuten pro Woche sehen   Foto: DPA

Deutscher Junge (17) in Türken-Knast

Es geschah etwas, doch nicht in der Türkei oder in England, sondern in Deutschland. Ich war plötzlich auf Seite 3 der BILD (BILD vom 23.06.2007).

Ein Gefangener wird berühmt

Mama und Papa waren völlig hilflos. Wie konnten sie mich retten? Ein Bekannter riet: „Wendet Euch an die Politik. Unsere Regierung kann einen deutschen Jugendlichen, einen Urlauber, nicht in einem türkischen Knast verrecken lassen!" Die nächste Adresse für meine Familie war das Büro von Peter Struck, dem Fraktionsvorsitzenden der SPD im Bundestag. Er stammt aus Uelzen und hat dort seinen Wahlkreis. Er versprach, sich der Sache anzunehmen. Die erste Meldung druckte der SPIEGEL, viele auflagenstarke Zeitungen – wie BILD – riefen an und brachten Berichte. *Hürriyet*, das größte Boulevardblatt der Türken, zog mit einer Geschichte nach.

Ein Mitgefangener hatte sich *Hürriyet* über die *cantina* bestellt, zeigte mir die Seite. Ich ließ mir alles übersetzen, mit einem komischen Gefühl. Auch hier stand, ich sei wegen Vergewaltigung angeklagt. Am liebsten hätte ich losgebrüllt: JA, ANGEKLAGT, ABER ICH HABE DEM MÄDCHEN NICHTS ANGETAN! HÖRT DIESES THEATER DENN NIEMALS AUF?!

Die in der Zelle waren schwer beeindruckt, dass über einen von ihnen so viel in der Presse geschrieben wurde, zumal am Abend auch noch das türkische Fernsehen berichtete. Mit einem Mal war mein Ansehen bei ihnen gestiegen. Sogar die Wärter grüßten freundlich. „*Merhaba*, Marco", hallo Marco, wenn ich zum Telefonieren den Gang entlangkam. Für mich blieb es ein beklemmendes Gefühl: Ich war für die der bekannteste VERGEWALTIGER!

Einen Tag später meldete sich ein mir unbekannter Anwalt und legte im Besucherzimmer gleich los: „Können *Hürriyet* und BILD ein Interview mit dir machen? Das ist gut für dich und deine Familie!" Mir war das im Augenblick egal, ich wollte ihn nur loswerden: „Das müssen Sie mit meinen Eltern und Anwälten klären." Aber der Wärter, der mich nach D 15 zurückbrachte, war beeindruckt, bot mir an: „Wenn du Probleme da drinnen hast, musst du es nur sagen." Vorher hatten sich die Wärter einen Dreck darum geschert, was drinnen abging.

Schon am folgenden Tag wurde ich zum Gefängnisdirektor gerufen. Der empfing mich wie einen alten Freund und nahm mich mit in ein schön eingerichtetes Zimmer für hohe Gäste. Da warteten ein Fotograf und ein Reporter mit einer Videokamera, dazu eine Übersetzerin. Ich fühlte mich regelrecht überrumpelt. Aber weil die Journalisten nun mal hier waren und ich den Direktor nicht verprellen wollte, ließ ich mich interviewen. Erst hinterher erfuhr ich, dass niemand bei meinen Eltern angefragt hatte, bei den Anwälten schon gar nicht. Vielleicht steckte auch der Anstaltschef dahinter, wollte demonstrieren, wie gut ich es bei ihm hatte.

Einmal bohrten die Reporter: „Wie schmeckt das Essen hier im *Ceşa Evi*?" Mir lag das Wort „sauschlecht" auf der Zunge. Aber als mich der Direktor scharf ansah und wie in der Schule vorsagte: „Das Essen sieht doch gut aus, oder?", nickte ich schnell. „Ja, gut!" *Hürriyet* veröffentlichte mein Foto, wenig später auch BILD. Die Menschen in Deutschland – vor allem diejenigen, die mich kannten – waren geschockt. Mit meinen raspelkurzen Haaren und dem abgemagerten, kantigen Gesicht glich ich wirklich einem Sträfling. Allerdings hatte ich meinen Schopf rasiert, weil es jetzt im Juni 30 bis 35 Grad heiß war und ich auf mein Aussehen pfiff.

Für wen sollte ich mich überhaupt noch kämmen?

Als ich wieder in Deutschland war, stöberte ich in den Unterlagen meiner Mutter diese Notizen dazu auf:

„Nach dem begonnenen Presserummel und den zahlreichen Veröffentlichungen, die natürlich auch in der Türkei gelesen wurden, reißt plötzlich der Kontakt zu Marco ab. Wir erhalten keine Faxe und nicht das übliche wöchentliche Telefonat von ihm. Ich bin völlig verzweifelt, bin am Durchdrehen. Was ist passiert, wie geht es unserem Kind, warum höre ich jetzt gar nichts mehr von Marco? Ich umkreise das Faxgerät, lauere auf das Telefon … aber tagelang keine Nachricht von Marco.

Rechtsanwalt Walther spielt mir ein Video von Marco vor, welches zeigt, wie er im Gefängnis interviewt wurde. Ich sehe Marco das erste Mal mit abgeschorenen Haaren und schwarzen, tiefen Augenringen und bin entsetzt. Du meine Güte, wie schlecht sieht Marco aus. Ich muss unbedingt zu ihm!

Vor Schock und aus Solidarität lasse ich mir auch meine langen blonden Haare abschneiden und schwarz färben. Noch kurz bevor das Uelzener Reisebüro schließt, buche ich einen Flug für den nächsten Morgen. Es war Freitag – Besuchstag. Alle hatten mir davon abgeraten, diesen Besuch zu machen, um den Medien aus dem Weg zu gehen, aber ich musste einfach zu Marco und wollte keinen Besuchstag auslassen. Flug gebucht, schnell ein paar Sachen gepackt. Nachts dann lange Telefonate. Nicht geschlafen. Vor der Abfahrt ein kurzes Ausruhen im Sessel und schon fielen die Augen zu.

Marcos zuverlässiger Freund, der uns in den schweren Monaten so oft zur Seite stand und geholfen hat, wo er konnte, brachte mich dann in rasanter Fahrt zum Flughafen. Noch rechtzeitig angekommen, erfahre ich, dass der Flug eine mehrstündige Verspätung hat. Oje, bis mittags sollte man möglichst wegen der Genehmigung beim Staatsanwalt gewesen sein, hieß es. Aber per SMS beruhigte mich der türkische

Anwalt Ahmet und meinte, das Gericht sei auch nachmittags noch auf. Ich landete mit viel Verspätung in Antalya. Ich bekomme heute keine Besuchsgenehmigung mehr. Ich bin die weite Strecke gereist, um für 10 Minuten meinen Sohn zu sehen, aber es gibt keine Erlaubnis vom Staatsanwalt.

Hänge unverrichteter Dinge in Side und laufe drei Tage dort im Kreis herum. Ich habe Angst um Marco. Ich habe lange nichts von ihm gehört. Ich muss ihn sehen.

Montag mache ich mich wieder auf den langen Weg per Bus nach Antalya. Zunächst ein neues Formular vom Konsulat holen und dann erneut per Straßenbahn und weiter zu Fuß zum Gericht. Dort bekomme ich tatsächlich nach einer Wartezeit eine Besuchsgenehmigung für den Tag. Aber heute ist kein Besuchstag. Trotzdem, ich versuche es und fahre mit dem Kleinbus weiter zum Gefängnis.

Ich treffe ein, meine Dokumente werden mehrfach kopiert, hin- und hergedreht, auf Stapel geschichtet, wieder angeschaut und zwischen diesen Vorgängen wird immer wieder aufgeregt telefoniert. Und dann kann ich tatsächlich Marco besuchen. Der offene Besuchstag wird für mich vorgezogen. In dem langen Gang steht Marco als einziger Häftling, umgeben von Wärtern. Endlich sehe ich ihn und kann ihn in den Armen halten.

Ein deutschsprechender Wärter wird bei uns postiert und Marco beteuert immer wieder, dass er von den Wärtern gut behandelt wird. Ein erschreckender und ungewohnter Anblick, Marco mit dem kahl geschorenen Kopf. Ich sage: „Ich hoffe, es wächst schnell wieder und meines auch."

Abgemagert und kahlrasiert: Dieser Anblick schockte meine Eltern.

Entsetzt erblickte ich damals meine Mutter. Was war mit ihren Haaren geschehen? Mir wurde bewusst: Beim Rasieren meines Kopfes hatte ich nicht daran gedacht, was dieser Anblick für meine Eltern bedeuten würde. Klar, dass meine Mutter sich jetzt noch mehr Sorgen machte. Ich musste Sie unbedingt irgendwie beruhigen. Später las ich dann in ihren Notizen:

Marco sagt immer wieder, es sei alles okay soweit. Aber meine Angst bleibt, frisst sich fest, ich sehe, dass es Marco nicht gut geht.

Nach unserem Gespräch werde ich zum Tee beim Gefängnisdirektor eingeladen. Das ist wohl etwas ganz Wichtiges und Besonderes, denn alle Wärter, die mich dorthin begleiteten, wirken ganz aufgeregt. Wegen der Wichtigkeit gibt es dann auch gleich zwei Übersetzer. Der Direktor ist ein sympathischer Herr und mit Hilfe der Übersetzer führen wir ein nettes Gespräch. Er hofft auch, dass Marco bald wieder frei kommt, aber es liegt ja nicht in seiner Macht. Nach diesem

Gespräch gibt es wieder regelmäßig Faxe von Marco und auch er erhält wieder Post und darf telefonieren, einmal in der Woche."

Wenn ich heute diese Notizen meiner Mutter in der Hand halte, packt mich das kalte Grauen. Wie hat sie, wie hat meine ganze Familie nur gelitten.

Immer mehr Leute wurden in unsere Zelle eingeliefert. Alle 27 Betten waren belegt. Die Neuen mussten mit dünnen Decken auf dem Boden schlafen, oder auf den Bänken. Die Hitze wurde unerträglich, man schwitzte die ganze Nacht hindurch. Es war nur ein Ventilator da, den hatten sich die Georgier in die Ecke gestellt, liehen ihn aber immerhin stundenweise an die Rumänen aus. Tagsüber wagten wir uns auch nicht mehr in den Hof, denn die Sonne hatte ihn wie einen Backofen aufgeheizt. Ich beschwerte mich bei meinen Eltern, den Anwälten, dem Konsulat. Der Direktor versprach: „Bald werden einige Häftlinge verlegt." Aber „bald" ist in der Türkei ein dehnbarer Begriff.

Vor dem Gefängnis fuhren die Übertragungswagen der großen Sender auf, was mir die Wärter verrieten. Denn nun war „Marco W." eine ganz große Nummer. Ein Fall für die internationale Politik. SPD-Fraktionschef Struck äußerte sich „erschüttert" über die Haftbedingungen für einen Siebzehnjährigen. Er warnte: „Die Behandlung von Marco schadet dem Ansehen der Türkei." Bundeskanzlerin Merkel forderte die Türkei auf, Marco W. vorzeitig aus der Haft zu entlassen: „Jetzt geht es darum, den Jungen nach Hause zu holen. Dann sehen wir weiter." Außenminister Steinmeier telefonierte mit seinem türkischen Kollegen Gül: In Deutschland sei man sehr besorgt. Ob er darauf einwirken könne, dass der Jugendliche freikomme? Niedersachsens Ministerpräsident Wulff schrieb an den türkischen Regierungschef Erdogan: „Der Junge gehört zu seinen Eltern nach Hause und nicht ins Gefängnis." Volker Beck von den Grünen nannte die Haft „absurd". Und Volker Kauder, Fraktionsvorsitzender der CDU im Bundestag, wurde sehr deutlich: „Ich kann der türkischen Regierung nur zurufen: ‚Wenn ihr den jungen Mann nicht freilasst, dann ist der Weg der Türkei nach Europa noch meilenweit!'"

Sogar die amerikanische Zeitung „Washington Post" griff das Thema auf: „Gefangener Teenager verdunkelt die türkischen EU-Ambitionen." Der Teenager war ich.

Durch meine Eltern hörte ich von diesem Trommelfeuer. Mir schwirrte wieder mal der Kopf: ‚Nützt mir das? Lassen sich die türkischen Richter erweichen?' Der Gefängnisdirektor lud mich wieder vor und deutete an: „Wir tun alles für dich. Aber dafür musst du auch den Leuten in deiner Heimat klarmachen, dass wir gut für dich sorgen!"

Noch heute streiten sich Juristen und Diplomaten darüber, ob mir der Medienwirbel nicht eher geschadet hat. Angehörige der Deutschen Botschaft in Ankara werteten jeden Artikel als „Bärendienst". Die Türken reagieren auf jeden Druck von außen allergisch! Nun erst recht! Hohe türkische Juristen wiesen jede Bitte, mich rauszulassen, als Einmischung zurück: „Wir sind keine deutsche Kolonie!"

Ich fühlte mich wie zwischen Mühlsteinen zerrieben. Zwar bin ich weder Politiker noch Jurist oder Diplomat, aber ich weiß eins: Die acht Monate im Gefängnis waren unrecht. Und dass die Entscheidung in meinem Prozess wieder und wieder verschoben wurde, ist und bleibt ein Skandal! Dieser Verhandlungsmarathon hat mich und meine Familie zermürbt, bis zu dem Punkt, an dem man nur noch ächzt: Ich kann nicht mehr!

Der SPIEGEL hat aufgezählt, wie die türkische Polizei mit einer schwer erträglichen Schlampigkeit ermittelt hat. Deshalb ließe sich kaum noch beweisen, was sich in der verhängnisvollen Nacht wirklich zugetragen habe: *„Das beginnt mit simplen Dingen, wie der Spurensicherung. Wo denn ihr grün-weißer Schlafanzug sei, fragt der englische Vernehmer C.. ‚Bestimmt bei mir zu Hause, gewaschen im Schrank', gibt sie zurück. ‚Und was war mit dem Bettzeug?' Das hätte wohl die Zimmerfrau am nächsten Tag abgezogen. Das Zimmer wurde nicht sofort verriegelt, ein Tatort-Protokoll nicht angefertigt.*

Weitere Fehler: C. wurde von einem Arzt der privaten Sevgi-Klinik untersucht. Nicht von einem Amtsarzt. Er nahm keine Blutprobe, weder bei C. noch bei Marco, um z.B. Rückschlüsse auf einen möglichen Alkohol-Spiegel zum angeblichen Tatzeitpunkt ziehen zu können. Eine Spurensuche an Marco versäumte die Polizei auch – dabei hätte der heftige Schlag, den ihm C. verpasst haben wollte, möglicherweise Abdrücke hinterlassen, die man am nächsten Tag noch hätte dokumentieren können. Oder eben nicht, was für Marco hätte sprechen können."

Außerdem hätte sich kein Polizist um Zeugen bemüht.

Die gab es ja reichlich, z.B. jenen Alex, der während der angeblichen Vergewaltigung mit Carolinas Schwester auf dem Balkon saß. Die Adressen hätte man beim Hotel erfragen können. Diese Versäumnisse sind schlimm für mich. Doch noch schlimmer war, dass der Vorsitzende Richter so viele Monate verstreichen ließ. Erst im Oktober gab es eine weitere Aussage von Carolina. Er schickte mich mit steinernem Gesicht zurück in die Zelle. Dass ich litt und das wahre Opfer war, interessierte ihn nicht. In einem Papier des deutschen Außenministeriums heißt es: *Die türkische Justiz war bis vor einiger Zeit nicht nur durch Strenge, sondern auch von Schwerfälligkeit, Ineffizienz und Unberechenbarkeit gekennzeichnet.*

Es habe zwar zahlreiche Reformen gegeben, doch *einzelne Vorkommnisse und Entscheidungen von Justizorganen lassen bisweilen zweifeln, dass sich rechtsstaatliches Denken durchsetzt.*

Die Drogenspritzer

Nach den ersten Schlagzeilen war ich ein umworbener Zellengenosse. Die Bosse händigten mir jetzt mehr von den Sachen aus, die ich im Gefängnisladen bestellt hatte, auch meine heiß geliebten Kekse, Schokoriegel und Zigaretten. Und ich rückte in die Gruppe der mächtigen Georgier auf, aß mit ihnen an einem Tisch. Damit war ich geschützt vor einem, der im Alkoholrausch oder aus Frust mich verdreschen wollte. Inzwischen hatte ich genügend Brocken Türkisch und Rumänisch aufgeschnappt, um mich so und mit Händen und Füßen verständigen zu können.

Allmählich war ich neugierig, was die anderen ausgefressen hatten. Es war die ganze Knast-Palette: Schwerer Raub, Körperverletzung, Mord, Bandeneinbrüche, Betrug bis zum einfachen Diebstahl. Man musste immerzu aufpassen, nichts Falsches zu sagen oder einen aus Versehen anzurempeln. Dann konnte die Stimmung jäh umschlagen. Ich war immer auf der Hut. Immer ängstlich, immer auf dem Sprung.

Zwei Neue wurden reingebracht. War mir zunächst ziemlich egal. Bis sich der eine Neue vor meinem Bett aufbaute. In astreinem Deutsch deutete er auf mich: „Du bist doch der Junge aus Deutschland." Erst glaubte ich, ich hätte mich verhört. Ich habe mich richtig gefreut. Da hat es einen reingespült, mit dem man sich ohne Missverständnisse austauschen konnte. In dieser Nacht hockte ich mit Zemi – so hieß der Neue – zusammen, bis es wieder hell wurde.

Zemi war Kosovo-Albaner, 30 Jahre alt, und hatte geplant, mit falschem holländischem Pass von Antalya in die Schweiz zu fliegen. Dort wollte er arbeiten, auf dem Bau oder sonst wo, um seine Familie zu ernähren. Viele Menschen im Kosovo sind bettelarm.

„Warum aber ausgerechnet über die Türkei? Italien wäre doch viel näher gelegen." „Die Schleuser, die Illegale ins Land schmuggeln, hatten behauptet, das sei der einfachste Weg." Vielleicht nach D 15, in die Ausländerzelle. Für Zemi und seinen Kosovo-Kumpel war nur noch Platz unter der Treppe auf dem Fußboden.

In dieser Zeit kriegte ich auch mit, dass die Georgier und Rumänen sich Drogen spritzten. Sie zogen Decken wie einen Vorhang um die Ecken, zündeten Stofffetzen an und erhitzten das Pulver, meistens Heroin. Vorher scheuchten sie alle anderen nach unten in den Aufenthaltsraum. Ein Georgier wachte auf der Treppe, damit sich keiner nach oben wagte. Seitdem ich „prominent" war, gestatteten sie mir, im Schlafraum zu bleiben. Angeboten haben sie mir nie etwas: „Dafür bist du zu jung." Ich hätte auch nichts genommen, echt nicht. Ist Teufelszeug!

Die Georgier besaßen auch nur eine Spritze, die sie so geschickt versteckten, dass die Wärter sie bei drei Durchsuchungen der Zelle nicht fanden. Wie die Drogen reingeschmuggelt wurden? Das kann ich nur vermuten: Mit dem Essen, beim offenen Besuch, beim Einkaufen, bestochene Wärter? Alles möglich! Jedenfalls reichte der Stoff meistens für zwei Wochen. Die nach unten Vertriebenen ahnten natürlich etwas: „Hier stinkt es ja wieder so komisch".

Einmal wurde es richtig dramatisch. Wie immer hatten sich die Georgier in ihrer Ecke gespritzt. Diesmal hatten sie zu spät erkannt, dass die Ladung Drogen gepanscht war, schlechtes Zeug. Ich hielt mich gerade unten auf, als oben aufgeregtes Reden und bald auch Rufen zu hören war. Danach stolperten mehrere Kerle die Treppe runter. Sie schleiften einen fast Leblosen mit, wie eine Puppe, und duschten ihn samt Kleidern mit kaltem Wasser ab. Danach zerrten sie ihn in den Hof, schütteten weiter Wasser über seinen Kopf – und über sich selbst. So wollten sie wach bleiben und verhindern, dass ihr Kreislauf zusammenbrach.

Sie liefen mit gespenstisch weit aufgerissenen Augen hin und her, wirkten teilweise wie weggetreten. Plötzlich fiel derjenige, den sie geduscht hatten, auf den Boden und rührte sich nicht mehr. Man sah nur noch das Weiße in seinen Augen. Die Georgier, die noch denken konnten, hoben ihren Freund hoch. Aber der sackte wieder zusammen. Sie gossen ganze Kübel Wasser über ihn, er lag da wie eine Leiche. Sie massierten seine Brust, weil sein Herz wohl nicht mehr schlug. Nützte auch nichts. Deshalb rannte einer nach oben, holte die Spritze und füllte sie mit einer Salzwasserlösung. Die Jungs wussten, dass so was bei einer Überdosis hilft.

Der Bewusstlose war inzwischen völlig verkrampft. Er hatte sein Gebiss fest zusammengepresst, seine Zunge drohte in den Rachen zu rutschen, er atmete kaum noch, war dabei zu ersticken. Die Georgier schoben ihm mit aller Kraft einen Metalllöffel zwischen die Zähne, hebelten damit seinen Mund auf und zogen seine Zunge raus. Das Irre dabei: Obwohl der Mann wie im Wachkoma war, mussten ihn vier Männer an Armen und Beinen festhalten, weil er so zuckte. Den Löffel zerbiss er komplett.

Langsam musste das Drogenopfer seine Umgebung wieder wahrgenommen haben. Denn als sich der Mann mit der Spritze näherte, zitterte und strampelte der am Boden Liegende. Wieder mussten sich vier Georgier auf ihn werfen, bis die Spritze in die Armvene stach. Der Junkie wurde ruhiger. Sie richteten ihn auf, stützten ihn unter den Armen, marschierten mit ihm auf und ab, klatschten ihm Wasser über den Kopf – aber er kippte erneut nach hinten weg.

Dieses Mal konnten sie die Spritze ohne Gegenwehr setzen. Nach ungefähr zehn Minuten rappelte sich der Mann auf, hing jedoch immer noch an den Schultern zweier seiner Drogenfreunde. Drei Stunden dauerte das Ganze. Beinahe wäre hier ein Mensch vor meinen Augen gestorben.

Diese schaurigen Bilder werde ich einfach nicht wieder los.

Ich hatte heillose Angst, dass ein Wärter etwas mitbekommen würde. Mit Sicherheit wäre die ganze Zelle bestraft worden, vielleicht sogar mit Besuchssperre oder Telefonverbot, die Horrorvorstellung überhaupt. Ich hätte auch nicht wissen können, ob mir einer der Georgier die Spritze vielleicht untergejubelt hätte, um seinen eigenen Kopf zu retten.

Die Georgier spritzten danach weiter, als wäre nichts geschehen.

Die Gespräche mit Zemi wirkten wie eine Kur, entführten mich oft für ein paar Stunden aus diesem Loch. Er erzählte von seiner Familie, ich von meiner, von unserem früheren Leben, unseren Hoffnungen. Zemi hatte den Krieg der Serben gegen die Kosovo-Albaner erlebt. Der war so blutig und scheußlich, ich hörte gespannt und entsetzt zu.

Pech nur, dass mein Freund Zemi in der Zelle bald in die Problemzone rutschte. Er hatte noch Euro übrig, mit denen er die ersten Wochen in der Schweiz hatte überbrücken wollen. Die Gruppenchefs spionierten das aus und forderten ihren Anteil. Die Kosovo-Albaner weigerten sich, gaben aber – nachdem sie ins Gebet genommen worden waren – nach. Trotzdem, da knisterte es, da lag was in der Luft. Zemi und der zweite aus dem Kosovo mussten weiter unter der Treppe hausen, selbst wenn oben ein Bett geräumt war. Die Brutalität der Georgier und der Rumänen bekam schließlich ein dritter Kosovo-Albaner zu spüren, der schon länger bei uns einsaß.

Ein Rumäne fragte diesen Mann scheinheilig: „Willst du Pistazienkerne haben, Geschenk von mir?" Der Albaner streckte erfreut die Hand aus, aber der Rumäne schüttelte ihm nur ein Häufchen Schalen hinein. Der Albaner war beleidigt, brüllte und fluchte. Sofort schubsten sich die beiden, schlugen und rauften, bis bei dem Albaner die Lippe blutete. Das wollte nicht wieder aufhören. Die Wunde musste von einem Arzt genäht werden. Also wurde an die Tür geklopft, der Wärter geholt und gelogen: „Der ist die Treppe runtergefallen." Der Albaner wagte nicht, die Wahrheit zu sagen.

Seit diesem Tag schlichen die beiden Streithähne knurrend aneinander vorbei. Und das in einem Raum, in dem man sich nicht aus dem Weg gehen kann. Da würde noch was passieren, etwas Schreckliches.

Ich war auf einmal mittendrin. Auf der einen Seite gehörte ich zu den Georgiern und Rumänen, genoss die Sicherheit. Auf der anderen stand aber Zemi, der natürlich zu seinen Landsleuten hielt. Ich versuchte zu schlichten, beschwichtigte Zemis Freunde: „Seid lieber vorsichtig, mit denen ist nicht zu spaßen", und die Rumänen: „Alles nicht so wichtig." Außerdem glaubte ich, dass man die drei aus dem Kosovo, alle waren mit gefälschten Pässen erwischt worden, bald wieder abschieben würde. Aber in der Türkei zieht sich auch so etwas Monate hin.

Zemi verstand die Welt nicht mehr: „Deswegen halten sie uns wie Tiere." Mir fiel dazu ein, dass in deutschen Zoos die Menschenaffen mehr Platz in ihren Käfigen haben.

Kopf runter

Man kommt in einem solchen Knast auf die ausgefallensten Ideen, wie man sich die Langeweile vertreiben kann. Ein Turkmene, der Englisch leidlich beherrschte, steckte winzige Perlen auf einen Faden, schnürte sie zu Armbändern. Er lernte mich gerne an, so hatte ich etwas zu tun. Dazu brachten mir die Wärter beinahe jeden Tag mehrere Faxe von Mama, Papa und Freunden, aber auch von fremden Menschen, die mein Fall aufgerüttelt hatte. Sie schickten Weisheiten, wie „Nur wer aufgibt, hat verloren", Gedichte, Reiseberichte aus Hawaii oder Südafrika, manche breiteten ihr ganzes Leben vor mir aus. Ich las alles, merkte mir viel. Ich hatte ja Zeit zum Nachdenken.

Leider überfielen mich, meistens nachts, wieder diese Schübe von Verzweiflung und Angst: ‚Ich bin doch so jung. Ich möchte fröhlich sein. Warum bin ich abgeschnitten von meinem normalen Leben? So viel kann ich doch nicht verbockt haben, dass ich in diesem Gruselgefängnis vor mich hin modere.‘ Manchmal war ich kurz davor zu resignieren: ‚Was ist, wenn die mich hier Jahre einsperren?‘

Meine Eltern taten bei den Besuchen alles, um mich hochzuziehen: „Marco, halte durch! Die Menschen in Deutschland glauben an dich. Bald ist der Prozess, dann ist endlich alles vorbei!" Doch in der Haft schärfte sich mein Blick für andere. Mama und Papa wirkten mit jeder Woche stärker angeschlagen, sie waren am Ende ihrer Kräfte. Wenn ich wieder abgeführt wurde, musste ich die Tränen unterdrücken. Hatten meine Eltern nicht genügend andere Sorgen? Wie lange würde Papa das mit seiner Krankheit durchstehen? Oder Mama, die Tag und Nacht arbeitete, um so weit vorzuarbeiten, dass sie zu mir fliegen konnte.

Oft flüchtete ich in Tagträume. Ich spazierte durch unser Haus in Uelzen oder schraubte mit Freunden an einem Auto. Papa klopfte mir auf die Schulter. Mama kam nach ihrer Arbeit aus dem Büro oder Gericht und schloss mich in die Arme. Mein Bruder zeigte mir die neuesten Tricks und Spiele am Computer. Dann aßen wir alle gemeinsam in unserer großen Küche. Eine heile Familie, ich wünschte mir das.

6. Juli 2007. Zweiter Prozesstag. Wie immer wachte ich im Zwiespalt auf. Einerseits die Vorfreude, jetzt kommt die Wahrheit auf den Tisch, dann müssen sie mich rauslassen! Andererseits die Furcht: Irgendwas wird dieser Richter schon finden, um mich wieder einzusperren! Ich betete: „Lieber Gott, bitte mach endlich Schluss mit meiner Qual! Ich möchte nur dieses Wort hören – *kovma* – Entlassung, nach Hause."

Die Vorzeichen waren gut. Ich wurde vor allen anderen rausgeholt, an der Sicherheitsschleuse nur oberflächlich abgetastet, keine Handschellen, keine Ketten, ein ganzer Transportwagen für mich allein. Der mitfahrende Offizier reichte mir sogar eine Zigarette. Im Justizgebäude marschierten wir an der Sammelzelle vorbei, ich durfte mich im Zimmer der *Jandarma*-Leute setzen, eine Tasse Tee trinken, eine rauchen. „Kopf hoch", lächelten mich die Beamten an und wetteten in einem Mischmasch aus Türkisch-Englisch-Deutsch darauf: „Du kommst bestimmt raus."

Im Gerichtssaal war es vorbei mit der Freundlichkeit. Das gleiche Bild wie beim ersten Prozesstag: Die drei Richter vorne erhöht, der Staatsanwalt, der Anwalt von Carolina, meine Anwälte, die Übersetzerin, fünf Polizisten hinter mir, meine Eltern bei den Zuschauern. Ich saß auf einer Bank. Wenn ich gefragt wurde, musste ich aufstehen. Zuerst wiederholte der Vorsitzende Richter, was in der ersten Verhandlung gesagt worden war, dann stritt sich Carolinas Anwalt mit meinem Verteidiger, unter anderem weil nicht alles im Protokoll aufgenommen worden war. Nun war der Bericht eines Rechtsmediziners dran. Ich war wie vom Blitz getroffen, als er vortrug: Es kann Geschlechtsverkehr gegeben haben, weil man Spermien bei dem englischen Mädchen gefunden hatte!

Eine Ansicht, die von erfahrenen Gynäkologen als blanker Quatsch eingestuft wurde und wird.

Wieder zog sich das Gericht zur Beratung zurück, wieder mussten wir den Saal räumen, meine Eltern gingen vorn hinaus in den Flur, ich wurde in ein Hinterzimmer geführt. Durch eine offene Tür konnte ich einige Sekunden auf den Gang schauen. Dort spielten sich regelrechte Tumulte ab: Ich sah viele Menschen dort. Meine Eltern berichteten mir später, dass eine Menge Leute von den Medien dabei waren. Erkennen konnte man das nicht gleich, da das Fotografieren und Filmen im Gerichtsgebäude untersagt war. Nach fünf Minuten durften wir wieder hinein. Der Richter referierte ellenlang. Ich begriff nichts, aber als ich zu meinen Anwälten blickte, wie denen die Kinnlagen runterklappten, schwante mir: Da ist etwas schief gelaufen!

Die Übersetzerin bestätigte: „Es fehlen immer noch Dokumente. Der Prozess wird auf den 8. August verschoben." Schon war ich wieder auf der Treppe, tappte willenlos in die Sammelzelle. Noch mal einen Monat länger im Gefängnis, vier Monate insgesamt, das schrie doch zum Himmel. Warum konnte ein gnädiger Gott das nicht verhindern?

Mich hatte der Richterspruch niedergeschmettert. Ich fragte mich: ‚Hat der Mann einen Sohn, den er liebt, dem ein unfassbares Missverständnis genauso übel mitspielen könnte wie mir? Hat der Richter einmal darüber nachgedacht, wie solche Haftbedingungen einen jungen Menschen aushöhlen? Ihn vielleicht für sein

Leben zeichnen?' Wahrscheinlich hat sich der Richter auf seine Paragraphen zurückgezogen, die man ja so und so auslegen kann.

Meine armen Eltern. Ein gutes Dutzend Mal waren sie schon nach Antalya geflogen, hatten Zeit und viel Geld geopfert, saßen völlig fertig oben im Flur und mussten wieder ohne mich abfliegen. Es war ein Trauerspiel, mir graute vor der Ausländerzelle D 15. Als mich die Polizisten im Transporter zum Gefängnis zurückfuhren, riefen sie immer wieder: „Kopf unten lassen!" Sie hatten wohl Befehl von oben – die vielen Reporter sollten mich nicht durch die kleinen Fenster filmen können. Ich erkannte nur am Blitzlichtgewitter, dass eine ganze Pressemeute gelauert hatte. Nach einigen hundert Metern durfte ich aus dem Fenster gucken: Menschen, die auf der Straße dahinschlenderten, grüne Bäume – so einfach sieht Freiheit aus.

In der Zelle umringten mich die anderen Häftlinge. Ich sagte nur: „Wieder verschoben." und verkroch mich ins Bett, wollte nicht mehr. Wozu noch leben? Das Schicksal war so gemein zu mir.

Einige Tage später erfuhr ich von der größten Gemeinheit. Carolinas Anwalt hatte vor Reportern noch mal draufgehauen: „Zwischen dem Deutschen und der dreizehnjährigen Engländerin war keine Liebesbeziehung, sondern eine Vergewaltigung!" Und einen Brief, den ich in meiner Verzweiflung an Carolina geschrieben hatte, schmetterte er mit einem Satz ab: „Seine Gefühle sind nicht echt, ich glaube ihm nicht." Der Anwalt musste ja Carolina glauben, das reichte wohl.

Hallo mein Schatz?!

Wir sind heute früh zurückgeflogen nach Leipzig,
nun sitze ich wieder im Büro arbeite ein wenig u.
schau mir die Briefe an die für dich eingegangen sind.
Hier eine erste Auswahl. Sascha u. ich waren gestern
ganz in deiner Nähe, hast du uns gespürt?
Wir sind um dein Domizil herum gewandert.
Papa fliegt morgen nach Antalya, ich bringe ihn
nach Hannover zum Flughafen. Morgen schreibe ich
mehr. Gleich Termin RA Schmidt. Sei umarmt mein
Prinz. Alles Liebe deine Mama

In Gedanken waren meine Eltern und ich immer zusammen.

Liebe Carolina!

Wenn man nicht mehr ein und aus weiß, wenn die Hoffnung einen verlässt, wenn man alles tun würde, um sich aus einer völlig verzweifelten Lage zu befreien – dann hat man oft die abenteuerlichsten Ideen, dann wagt man auch das Unmögliche. Ich hatte begriffen: Nur wenn Carolina ihre Aussage änderte und die Anzeige zurückzog, käme ich schnell nach Hause. Aber wie sollte ich an sie rankommen? Ihre Mutter, der leibliche Vater und der Stiefvater schirmten sie ab. Und ans Telefon hätten sie sie wohl auch nicht gerufen.

In meiner Not schrieb ich einen Brief, als ich nach Mitternacht allein im Aufenthaltsraum hockte. Vielleicht würde die Mutter Carolina das Schreiben doch zeigen. Vielleicht würde sich Carolina schämen und den Mut zur Wahrheit aufbringen. Ich bettelte Carolina an, ich bettelte um meine Freiheit.

Meine deutschen Anwälte fanden den Text ganz in Ordnung, eine Freundin meiner Mutter übersetzte ihn ins Englische, mein Bruder schrieb ihn ordentlich ab und meine Eltern schickten den Brief an Carolina:

21.06.2007

Liebe Carolina!

Ich weiß nicht, warum du mich in solch eine Situation gebracht hast. Ich mochte dich sehr, sehr gern und hatte echte Gefühle für dich und wollte sehr gerne mit dir in Kontakt bleiben. Du weißt, was zwischen uns war und dass wir uns gut verstanden haben. Ich bitte dich und deine Mutter von ganzem Herzen, die Anzeige zurückzuziehen. Mir geht es nicht gut im türkischen Gefängnis. Ich bin dort jetzt seit 10 Wochen! Ich verpasse mein ganzes Leben und ich weiß nicht, was ich Falsches gemacht habe. Ich wusste nicht, dass du erst 13 Jahre alt bist. Das hättest du mir auch sagen können. In der Disco hast du mir noch am Abend zuvor erzählt, du wärst 15 Jahre alt, und ich habe dir geglaubt!

Ich bitte dich vielmals, erzähle deinen Eltern, was wirklich war, und ziehe bitte die Anzeige zurück. Ich will nämlich mein Leben leben können. Bitte denke darüber nach, ob du mit dem Gedanken leben kannst, dass ich hier im Gefängnis zugrunde gehe.

Viele Grüße
Marco

Die Antwort: Schweigen aus England. Carolinas Mutter reichte den Brief an ihren türkischen Anwalt mit einem Vermerk, dass weder sie noch Carolina darauf antworten würden. Später sollte Carolinas Anwalt den Brief vor Gericht als „Gottlos" beschimpfen und ihn dem Gericht als Beweismittel für meinen Versuch, mich zu entschuldigen, vorlegen. Doch wofür hätte ich mich entschuldigen sollen? Ich hatte mir doch nichts vorzuwerfen.

In einem Zeitungsartikel über den „Fall Marco W." bemerkte der Autor zu Recht, dass beide Familien – also Carolinas und meine – durch die verhängnisvolle Nacht zermürbt wurden und dass für die Kinder nichts mehr so sein würde, wie zuvor. Wahr ist aber auch, dass Carolinas Mutter die Prozessstrapazen hätte schnell beenden können, wenn sie das Mädchen unter psychologischer Betreuung von einer einfühlsamen britischen Kripobeamtin hätte noch mal befragen und das Protokoll sofort dem Gericht in Antalya hätte zugehen lassen.

Schlug man sich durch ein Gestrüpp von harten Fakten, naheliegenden Mutmaßungen und falschen Behauptungen, dann ließ sich erahnen, warum Carolina und ihre Familie sich so abschotteten und nicht den Mut aufbrachten, einzugestehen: Es war alles anders, tut uns schrecklich leid, wir bitten Marco und seine Eltern um Verzeihung.

Carolinas Mutter Betty ist Friseuse. Immer wieder betonte sie, wie stolz sie auf ihre Töchter sei. Beide gehörten nicht zu der Sorte Mädchen, die „an Straßenecken herumhängen" oder „zu spät nach Hause kommen". Auf ihrer angesehenen Schule zählten sie zu den Klassenbesten. Make-up, Schmuck, Piercings, gefärbte Haare, kurze Röcke oder ausgeschnittene Blusen sind verboten, Schuluniformen mit Jacke und Kniestrümpfen Pflicht. Leitspruch: „Nach Exzellenz streben. Das Miteinander fördern. Gott lieben." Die Kinder sollten im Leben etwas erreichen.

Mehr als die Mutter? Die lebte getrennt vom Vater ihrer Töchter, hatte sich mit einem Mann zusammengetan, der einen achtjährigen Sohn mitbrachte. Sie buchten im *Club Voyage Surgun Select* zwei Zimmer: Eines mit drei Betten, eines mit Doppelbett. Ursprünglich wollte Betty mit Carolina und Anne zusammen schlafen, der Freund mit seinem Sohn im Doppelbett. Vielleicht maulten die Töchter, vielleicht fand es Betty doch verlockender, zu ihrem Freund und Sohn zu ziehen – Carolina und Anne freuten sich über ihr eigenes Reich, in dem sie schalten und walten konnten.

Es gibt Hinweise, dass sich Mutter und Vater der beiden Mädchen möglicherweise noch nicht über das Sorgerecht einig waren. So wäre auch die hektische, fast hysterische Reaktion der Mutter zu erklären: ‚Ich hätte besser aufpassen müssen, ich wohnte ja im Zimmer nebenan! Wie soll ich den Vorfall meinem Noch-Ehemann beibringen?' Später gingen auch meine Anwälte in einem Schriftsatz darauf ein: *Man müsste prüfen, ob Betty ihre Aufsichtspflicht verletzt hatte. Auch wenn sie ein älteres englisches Mädchen damit beauftragt haben wollte, ihre minderjährigen Kinder nach Mitternacht immer zum Zimmer zu geleiten.*

Carolina hatte laut ihrer Mutter „noch keinerlei sexuelle Erfahrungen". Das kann ich schwer glauben, aber möglich ist es ja, da sie fürchtete, schwanger geworden zu sein – wie auch immer. Da erfindet ein pubertierendes Mädchen schon mal eine Geschichte, ein böses Märchen. Soviel steht fest: Als Carolina nach der für sie peinlichen Untersuchung beim türkischen Arzt erfuhr, dass dieser die Polizei wegen ihres Alters einschalten wollte, erschrak sie und wehrte sich dagegen. Aber die Mutter zerrte sie auf die Wache. Warum? Hatte sie nach den laut ausgesprochenen Gedanken des Arztes, sie könnte ihre Aufsichtspflicht verletzt haben, Angst, Panik? Dachte sie, Angriff sei die beste Verteidigung und der Marco solle als Sündenbock herhalten?

Natürlich kocht in mir noch immer die Wut, wenn ich an Carolina, ihre Mutter und die Folgen ihrer Lügen denke. Aber ich muß den wahren Ursachen einfach auf den Grund gehen, auch wenn die Beschäftigung damit noch so sehr schmerzt.

Wahrscheinlich konnten sich die Engländer nicht vorstellen, dass die Woge der Proteste gegen die unmenschliche Haftung eines deutschen Jungen bis an ihre Haustür rauschen würde. Sie beklagten sich, dass Journalisten ihr Haus belagerten, durch die Vorhänge knipsten, Kinder aus Carolinas Stube abfingen, die etwas wissen konnten. „Wir wurden gehetzt! Es war schrecklich," ließ Carolina ausrichten. Sie habe sich bei Tanten und Vettern ihrer Mutter verstecken müssen.

Einmal sprachen Reporter Carolina an, ob sie „diese Carolina" kenne. Sie reagierte eiskalt: „Keine Ahnung, sorry!" Selbst die Reporter fielen darauf herein, da das Mädchen viel älter wirkte.

Ob, und wenn ja, wie oft, Carolina bedauerte, dass sie mich angezeigt hatte, weiß ich nicht. An mehreren Prozesstagen legte ihr türkischer Anwalt die Bestätigung einer englischen Klinik vor, seine Mandantin sei in Behandlung. Er fügte hinzu: *Sie ist psychisch angeschlagen, nicht fähig, vor dem Gericht mit Marcos Verteidigern oder gar Marco zu reden.* Später hieß es, die ganze Familie unterziehe sich einer Traumatherapie – Carolina, ihre Schwester, ihre Mutter.

Reporter von BILD am Sonntag stöberten den leiblichen Vater von Carolina auf. Der sendete eine SMS: *Meine Familie und ich haben mehr durchgemacht, als ich mir jemals hätte vorstellen können. Carolina ist ein Kind, welches sich wohl nie wieder erholen wird. Wir müssen jetzt für uns bleiben und versuchen endlich unseren Frieden zu finden.* Dann der einzig versöhnliche Ton: *Marco wird diesen Frieden auch finden müssen. Ich hoffe, er und seine Familie finden ihn auch.* Später igelte sich der Vater allerdings wieder ein: *Wir haben entschieden, allein das Gericht sprechen zu lassen.* Das klang mehr nach Rache. Es war ihnen offensichtlich egal, was das Gericht sprechen würde.

Für mich bedeutete das: Wieder war ich zurückgestoßen ins dunkle Verließ, wieder war etwas in mir zerbrochen. Wieder rebellierte der Magen, wieder nahm ich ab, man sah mir das Elend an. Die Enge, die permanente Angst, auch vor der Gewalt unter den Häftlingen, die immer wieder ausbrach, der Lärm, und kaum einmal die Möglichkeit, mich wirklich auszutauschen in meiner eigenen Sprache, das alles machte mich zunehmend wahnsinnig. Ich war fast soweit, mich aufzugeben, einfach ins Nichts zu gleiten. Oder konnte ich mich doch noch aufraffen? Zum Glück hatten Mama und Papa jeden Tag Faxe ins Gefängnis geschickt: „Halte durch! Wir sind bei dir!" Deshalb beschloss ich: Du lebst weiter – nur für deine Eltern. Sie haben es am wenigsten verdient, dass noch mehr Leid über sie hereinbricht, gerade die beiden, die so nachsichtig mit mir gewesen waren, wenn ich als Junge gebockt hatte.

In der Zelle wurde es glühend heiß, die Fliegen schwirrten in Schwärmen, ekelhaft! Man war verschwitzt, klebte. Alle hatten schlechte Laune, stritten oft, ich geriet mehrmals an die Georgier, die nun wieder häufiger von meinen Einkäufen abzwackten. Und immer hieß es dann: Das läuft eben so, damit alle was haben. Die Vitamine von dem Obst hätte ich gebrauchen können und auch gut ein paar zusätzliche Kalorien. Ich verlor immer mehr Gewicht. Auch hatte ich kaum noch Kraft, weder körperlich noch geistig. Es gab Phasen, da lag ich nur noch apathisch auf dem Bett.

Eines Abends krümmte sich ein Kosovo-Albaner vor Schmerzen auf einer Bank im Aufenthaltsraum. Zufall oder Absicht, der Rumäne kam vorbei, der ihm schon einmal die Lippe blutig geschlagen hatte, heuchelte Mitgefühl: „Geht es dir nicht gut?" Der Albaner presste ein „Hau ab!" raus. Der Rumäne stänkerte weiter, bis der Albaner aufsprang. Ein Fehler, denn nun stürzten sich eine Handvoll Männer auf ihn. Die beiden anderen Albaner, also auch Zemi, wollten ihrem Freund beistehen. Weil ich wusste, was in der Zelle abging, packte ich Zemi mit beiden Armen und hielt ihn fest. Rumänen und Georgier prügelten die zwei aus dem Kosovo windelweich, vor allem den mit der Lippe. Zemi riss sich los und warf sich dazwischen. Doch gegen diese Übermacht hatte er keine Chance.

Für mich war das wirklich eine Tortur. Da droschen diejenigen, mit denen ich mich gut stellen musste, auf meinen besten Freund in der Zelle ein, und ich musste zusehen. Einer der Albaner entkam der Meute, flitzte zur Tür und hämmerte wie wild dagegen, bis ein Wärter durch die Luke linste. Er kehrte mit einer Gruppe Wärter zurück. Die Verprügelten waren so gezeichnet, dass sie nicht viel erläutern mussten. Sie wurden in eine andere Zelle verlegt. Zemi war weg. Der nächste Tiefschlag. Jetzt hatte ich gar keinen mehr zum Reden.

Den Georgiern hatte die Prügelei Spaß gemacht. Sie veranstalteten bald eine Alkoholparty. Alkohol im Knast? Geht alles! Obst in einen Bottich, Hefe dazu, bis es gärt. Das Gemisch erhitzten sie in einem umgebauten Teekocher, bis hinten durch ein Rohr tatsächlich achtzigprozentiger Alkohol raustropfte, den man zur Schau sogar anzünden konnte. Ein Teil dieser Leute hatte vorher auf der Straße gehaust. Für die war das Gefängnis wie ein Hotel, in dem sie auf Kosten der anderen blendend leben, feiern und herumgrölen konnten.

Von diesem Schnaps boten sie mir zwar an, aber schon vom Geruch wurde mir übel. Das Gesöff hätte mich ohnehin nur durchgeputzt. Man musste aufpassen, dass nicht ein Betrunkener, verschwitzt von oben bis unten, einen plötzlich wie einen dicken Freund umarmte. Widerlich! Mir machte das alles Angst und es verfolgte mich in meinen Albträumen, die die kurzen Phasen des Schlafes immer wieder unterbrachen.

Trotzdem, ich musste froh sein, dass ich bei den Georgiern Anschluss gefunden hatte.

Die sind knüppelhart, wenn sie einen Schwulen aufspüren. Ich erlebte es mit, wie einer, der nur verdächtig war, mit Fäusten und Tritten aus der Zelle gejagt wurde.

Man glaubt nicht, dass die Tage vergehen. Die Langeweile macht einen verrückt. Die Hitze macht einen schläfrig, nicht einmal lesen mag man dann mehr. Bohrende Kopfschmerzen! Schwindel! Aber der dritte Prozesstag rückte näher. Ahmet Ersoy, mein Hauptanwalt, flüsterte mir zu: „Es sieht gut aus für dich. Wir haben Alex als Zeugen geladen." Alex – jenen jungen Engländer, der mit Carolinas Schwester auf dem Balkon gesessen hatte, als ich im Zimmer angeblich Carolina vergewaltigte. Das war sicher eine Trumpfkarte. Er wusste ja, dass nichts passiert sein konnte. Er hätte durch die Tür jeden Mucks gehört, und außerdem hatte er gesehen, wie mich Carolina mit Küsschen verabschiedete. Als zweiter Zeuge sollte der Arzt aussagen, der Carolina nach der Nacht untersucht und selbst verblüfft festgestellt hatte, dass sie erst 13 war.

Ich war wieder obenauf: Diesmal musste es doch klappen. Alex würde mich raushauen!

Liebe aus der Ferne - Brutalität in der Zelle

Auch zum dritten Prozess am 8. August durfte ich wieder alleine in einen Bus steigen, aber es war anders: Im Justizgebäude keine Ledersessel, bei der *Jandarma* kein Tee, sondern eine Einzelzelle, in der ich nur stehen konnte. Da drin wartete ich bis Mittag. Im Gerichtssaal sah ich meine Eltern. Wie lange hatte ich das ersehnt. Ich hatte diesen wundervollen Gedanken: ‚Heute Abend fliege ich mit ihnen nach Deutschland. Nach den Zeugen werden die Richter kapiert haben, dass ich Carolina nichts angetan habe.'

Zuerst kam der Arzt dran. Seine wichtigsten Sätze: Von Größe und Aussehen her hatte er das englische Mädchen auf 16 oder 17 Jahre geschätzt. Wie alt sie wirklich war, habe ihm erst die Mutter gesagt. Die vier Spermien, die er bei Carolina gefunden habe, ließen nur eine Aussage zu: Ein Geschlechtsverkehr hatte nicht stattgefunden. Das Mädchen sei auch nach dieser Nacht noch Jungfrau gewesen. Von meiner Schulter fielen zentnerschwere Steine. Nun musste dem Gericht doch klar sein, dass ich unschuldig war.

Nach ihm bestätigte Alex: „Carolina trug im Hotel das grüne Armband der Erwachsenen, mit dem weißen für Kinder wäre sie nicht in die Disco reingekommen." Auf dem Balkon habe er nichts gehört, schon gar nicht das Geräusch einer Ohrfeige. Carolina hatte angegeben, dass sie mir mit der Hand ins Gesicht geschlagen hätte. Alex hatte die ganze Situation „als völlig normal ohne Vorfälle" betrachtet.

Ich jubelte innerlich. Erst der Arzt, der bestätigt hatte, dass nichts passiert war, und nun auch noch der Beweis, dass Carolina mir und allen anderen bewusst ein falsches Alter vorgespielt hatte. Jetzt würde der Freispruch erfolgen.

Die Richter berieten sich, doch diesmal war ich weniger nervös als an den Prozesstagen davor. Gleich würden sie mich von dem Vorwurf, ich sei ein Vergewaltiger, freisprechen. Auch die Polizisten, die mich bewachten, bekräftigten: „Heute kommst du raus!"

Gut gelaunt lächelte ich meine Eltern an, als ich wieder in den Saal geführt wurde. Der Richter sprach und sprach, und dann klappten meine Anwälte zornig die Akten zu. Was war denn jetzt los? Ich verstand nur noch: „Haft fortgesetzt." Ich sah entrüstet zu meinen Eltern. War ich in einem falschen Film? Was war geschehen? Ich erhielt keine Erklärung. Das war nicht mehr eine Keule auf den Kopf, da prasselten die Keulen. Ich lag nicht mehr auf dem Boden, ich war in einem kilometertiefen Loch unter dem Boden gelandet.

Die Polizisten schoben mich sanft zum Zellentrakt, plötzlich ging es zurück in den Saal. Meine Anwälte hatten sich darüber beschwert, dass mir niemand gesagt hatte, was das Gericht verfügt hatte. Die Übersetzerin sagte nur: „Verhandlung verschoben. Eine Haftverschonung wird nicht gewährt." Ich bewegte mich weiter in einer „abstrusen Endlosschleife", wie ein Journalist schrieb. Immer wieder Hoffnung, immer wieder bittere Enttäuschung, und so weiter. Und jedes Mal traf es mich schlimmer.

Im Transporter musste ich unten sitzen, den Kopf gesenkt. Die Kamerateams hatten auch begriffen, dass es heute wieder keine Fotos vom freigelassenen Marco geben würde. Da wollten sie mich wenigstens im Transporter erwischen.

In der Zelle das gleiche Spiel: „Na, packst du deine Sachen?" „Nein, wieder nicht!" „Junge, das ist aber schade." Wieder aufs Bett geworfen, wieder nur gegrübelt: Warum gerade ich? Wie sollte ich an Gerechtigkeit glauben? Wenn mich meine Eltern besuchten, konnte ich es nicht mehr verbergen: Mir ging es sehr, sehr schlecht. Ich fühlte mich einen Schritt vor dem Abgrund.

„Für dich ist Besuch da." Dieser Satz war für mich in diesen düsteren Tagen wie ein Rettungsanker. Wenn alles klappte, konnte ich zweimal in der Woche Menschen sehen, mit denen ich mich in meiner Muttersprache unterhalten konnte: Mama und Papa, ein Mitarbeiter des Konsulats und meinen Anwalt Ahmet Ersoy. Der war, weit über seine Aufgabe als Verteidiger hinaus, ein echter Freund geworden. Wir wollten auch nicht jedes Mal irgendwelche juristischen Fragen hin- und herwenden. So entwickelten sich Gespräche über Autos und Fußball, Land und Familie. In den letzten Monaten übernachtete mein Vater sogar im Haus der Ersoys. Ahmet berichtete mir lächelnd, dass Papa bei der Erdnussernte auf den Feldern seiner Gastfamilie mitarbeitete – und dabei noch Lob erntete: „Er hat sich geschickt angestellt."

Dreimal Besuch, das war eine willkommene Abwechselung. Viermal wäre noch besser. Meine Eltern hatten erfahren, dass in Antalya eine kleine christliche Gemeinde mit einem deutschen Pastor gegründet worden war. Das Konsulat erreicht nach einigen Bitten bei der Justiz, dass Pastor Korten sozusagen als geistlicher Beistand zugelassen wurde, um mich im Gefängnis aufzusuchen.

Pastor Korten, ein lebenserfahrener Mann von Mitte fünfzig, schnitt auch Glaubensfragen an und wir sprachen über die Frage „Warum lässt Gott das hier zu?" Ihm gelang es, unsere wöchentliche halbe Stunde immer spannend zu gestalten und damit meine Schwermut zu mindern. Er schilderte, wie schwer es gewesen war, die Erlaubnis für den Bau einer Kirche zu erstreiten. Wahrscheinlich war das Zugeständnis auch nur deshalb erfolgt, weil immer mehr Deutsche in und um Antalya Häuser und Wohnungen erworben hatten.

Nicht nur mein Anwalt: Mein türkischer Freund Ahmet Ersoy.

Aber selbst einem Priester misstrauten die Gefängniswärter. Pastor Korten hatte meistens Bücher für mich dabei, die erst durchsucht wurden, so dass ich sie oft Stunden später in die Zelle bekam. Das Obst, mit dem der Geistliche mich versorgen wollte, musste er immer wieder mitnehmen. Obst bezog man aus der *cantina* oder eben nicht.

Meiner Meinung nach war meine Unschuld bewiesen, und trotzdem war keine Entlassung aus der Haft beschlossen worden. Was konnten wir denn jetzt noch zur weiteren Entlastung vorbringen? Auch meine Eltern verloren ihren Glauben an die türkische Justiz.

Inzwischen hatten die Menschen in Deutschland schon viel über mein Schicksal in den Nachrichten gehört oder in den Zeitungen gelesen. Das musste vielen ans Herz gegangen sein. Sie überschütteten meine Eltern mit e-Mails, Faxen und Briefen.

Lieber Marco,

wieder neigt sich ein Tag dem Ende und ich möchte dir noch ein paar Zeilen schreiben.

Auf alle Fälle gehöre ich zu den vielen, vielen Menschen, die täglich an dich denken und unermüdlich wie kleine Heinzelmänner tätig sind. Bestimmt kannst du auch zwischen den Zeilen lesen. Wir lassen dich nicht im Stich! Hab´ Vertrauen! Wunder dauern manchmal etwas länger.

Wie ich dir schon geschrieben habe, bin ich Lehrerin. Meine Schüler mögen mich sehr, weil ich nicht so streng bin, sondern immer versuche, ihre Probleme zu verstehen. (Zur Zeit habe ich eine 10. Klasse, also fast dein Alter.) Ab und zu gebe ich ihnen auch Hausaufgaben auf, was sie natürlich nicht so toll finden. Heute möchte ich dir eine Hausaufgabe aufgeben:

Ich möchte, dass du regelmäßig isst und vor allem viel Flüssigkeit zu dir nimmst! Schreib ein Tagebuch oder versuche etwas zu zeichnen. Ich bin Kunstlehrerin und ich weiß, dass man seine Gefühle in Bildern ausdrücken kann, auch wenn man keine Begabung dazu hat. Bitte lach mich jetzt nicht aus, versuch es einfach.

Und bitte Marco, sei tapfer!

Ich umarme dich und bin im Gedanken bei dir.

Liebe Grüße

Mel

(Sonntag, 12.August 2007, 22.06 Uhr)

Einen Teil davon faxte mir Mama jeden Tag. Natürlich konnten mich gute Wünsche und Worte nicht aus dem Elend holen, aber sie linderten wie Salbe eine Brandwunde. Es tat einfach gut! Meine Eltern hoben alles in dicken Ordnern auf, der Inhalt würde fünf Bücher füllen. Ich muss mich hier auf die beschränken, die mich am meisten beeindruckt haben. Mit vielen Menschen schreibe ich mich noch heute, manche sind echte Freunde, fast Familienmitglieder geworden.

Alexander aus Bielefeld lud mein Foto auf sein Handy, damit er bei jedem Anruf an mein schweres Los erinnert wurde und so eine geistige Verbindung zu mir aufbauen konnte. Birgit aus Göttingen war wichtig, „dass hier auch jemand ist, der ganz doll an dich denkt und jeden Abend eine Kerze für dich anzündet." Renate und Claudia widmeten mir selbstverfasste Gedichte: „Für Marco, wenn er wieder zu Hause ist." Burkhard und Ursel trösteten mich: „Die Nacht wird nicht ewig dauern, es wird nicht finster bleiben." Luise hatte spontan zum Papier gegriffen: „Ich wollte dir eigentlich nur aus einem Grund schreiben: Gib jetzt nicht auf!"

Susanne, „deine Ostfrau", bot sich als Kummerkasten an. Eine andere Frau wollte mit meinem Vater am Telefon für mich beten. Moni schenkte mir einen Stern (mit Zertifikat!), der mir in der Trostlosigkeit als Hoffnung scheinen sollte. Christiane berichtete von einem Trugbild: „Wir haben in der Stadt jemanden gesehen, der genauso wie du aussah, und dachten, du wärst es, aber es war leider nicht so. Danach war der Abend für uns gelaufen. Zuhause habe ich nur noch geweint." Kurt übernahm die Rolle „Opa auf Zeit".

Von meiner Schule gab es eine erfreuliche Nachricht: Ich hatte den Realschulabschluss erhalten – aber nicht geschenkt bekommen, wie Zeitungen vermuteten. Mein Notendurchschnitt von 2,3 bis zu den Osterferien hatte in diesem Sonderfall gereicht. Das Kultusministerium hatte eigens zugestimmt. So merkwürdig das erscheinen mag: Dieser Zuspruch brachte wirklich Licht in mein trauriges Dasein. Draußen dachten welche an mich, für die war ich noch nicht verloren.

GHS Sternschule Uelzen

Hagenskamp 6   29525 Uelzen   Telefon 0581 - 3896772

Abschlusszeugnis

Sekundarabschluss I - Realschulabschluss

Marco Weiss

Herzlichen glückwunsch!

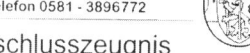

Wahlpflichtunterricht

Technik .... gut
- / - .... - / -

Gestaltendes Werken .... sehr gut
- / - ....

Teilnahme an berufsorientierenden Maßnahmen:
Marco hat an einem Bewerbungstraining sowie am EDV-Unterricht mit Erfolg teilgenommen.

Teilnahme an folgenden Arbeitsgemeinschaften:
- kein Eintrag -

Uelzen, den 30.08. 2007

Rektorin

Arbeitsverhalten:
Marcos Arbeitsverhalten entspricht den Erwartungen. Er arbeitet im Unterricht mit. Seine Aufgaben bearbeitet er überwiegend selbstständig.
Sozialverhalten:
Marcos Sozialverhalten entspricht den Erwartungen in vollem Umfang. Er hält Regeln und Vereinbarungen ein und zeigt faires Verhalten.
Bemerkungen:

- kein Eintrag -

Uelzen, den 6. Juli 2007

Klassenlehrerin

Notenstufen   1. sehr gut   2. gut   3. befriedigend   4. ausreichend   5. mangelhaft   6. ungenügend   n.e. nicht erteilt

Schulleiterin

105

Unheimlich freute mich ein Fax von Ministerpräsident Christian Wulff, der mich schnell wieder in Niedersachsen haben wollte. Mit der Hand schrieb der Landesvater:

„Lieber Marco, als niedersächsischer Ministerpräsident möchte ich Dir Mut machen, jetzt noch einige Tage auszuharren bis Du endlich zu Deinen Eltern kannst. Diese Monate sind nicht leicht, aber zu hause hier bei uns in Niedersachsen fühlen alle mit Dir. Wir bewundern Deine Ruhe und Gelassenheit.
Wir bemühen uns, dass die Justiz bald und richtig entscheidet. Hoffentlich kommst Du ein bißchen zum Lesen. Nutze die Zeit – notgedrungen – zu eigenen Erkenntnisgewinnen. Schon bald möchte ich Dich persönlich kennenlernen, in Hannover in Deiner nds. Staatskanzlei. Wenn Du Wünsche hast, lass es mich bitte wissen.

Herzlichst
Dein
Christian Wulff"

Eigentlich hatte ich nur einen Wunsch: Holt mich hier raus!

Christian Wulff
Nds. Ministerpräsident

Herrn
Marco Weiss
0090 242 221 27 17

Lieber Marco,

als niedersächsischer Ministerpräsident möchte ich Dir Mut machen, jetzt noch einige Tage auszu-
harren bis Du endlich zurück zu Deinen Eltern kommst. Diese Monate sind nicht leicht, aber zu Hause bei Dir wie in Niedersachsen fühlen alle mit Dir. Wir bewundern Deine Kraft und gelassene Zeit.

Wir bemühen uns, dass die Justiz Schuld und richtig entscheidet. Hoffentlich kommst Du bei diesen ... zum lesen. Nutze die Zeit – notgedrungen – zu eigener Erkenntnisgewinnen. ... Schuld möchte ... Dir persönlich kennenlernen, in Hannover in Deiner als Bundeskanzler. Wenn Du Wünsche hast, kann es mich bitte wissen. Herzlich

Dein ...

Die Tage in der Zelle zogen sich immer länger hin. Was sollte auch Neues geschehen? Ich brütete vor mich hin, konnte mich kaum auf ein Buch konzentrieren, blätterte nur durch Magazine. Aber ich schnappte wenigstens so viel auf, dass ich über die Ereignisse in Deutschland informiert war. 50 Grad Hitze, jede Nacht durchgeschwitzt. Lärm in der Zelle, nie durchschlafen, da bist du irgendwann wie gelähmt, schaltest einfach ab.

Wir brauchten einen Kühlschrank, denn Obst gammelte innerhalb von zwei Tagen, Schokolade zerfloss, alle Getränke waren lauwarm. Und man konnte nur einmal in der Woche etwas Frisches kaufen. Die Mächtigen in der Zelle besprachen, was wir unternehmen sollten. Weil ich als sogenannter „Prominenter" den Gefängnisdirektor aufsuchen durfte, wurde ich losgeschickt. Der Direktor hörte zu und verabschiedete mich. Er wollte das mit seinen Untergebenen beraten. Am nächsten Tag die offizielle Antwort: „Einverstanden, ihr dürft einen Kühlschrank aufstellen, aber den müsst ihr selber bezahlen."

Die Jungs von D 15 waren aufgebracht. In den anderen Unterkünften standen Kühlschränke, uns sollte ein neuer 300 türkische Lira kosten, rund 150 Euro. Soviel lag ja nicht einfach herum. Beim nächsten Besuch des Konsulatsvertreters schnitt ich unser Problem an, der erkundigte sich höflich beim Anstaltschef. Unerwartet wurde ein Kühlschrank – alt zwar, aber er kühlte – zu uns hereingerollt. Was für ein Fortschritt! Wir hatten nun Obst und Gemüse für die gesamte Woche. Und ich hatte dankbare Mitbewohner: Endlich mehr Vitamine! Übermütig leisteten wir uns sogar einen zweiten Ventilator. Dicke Stromrechnungen für die beiden Geräte mussten wir, wie vorher schon für Licht und Fernseher, bei der Gefängnisleitung begleichen. Wer kein Geld besaß, saß in Antalya im Dunkeln.

Weil ich Kühlschrank und Ventilator so schnell besorgt hatte, sandten mich die Häftlinge noch mal zum Direktor. Unsere Zelle war vergammelt: Schimmel überall, in der Dusche schwarze Placken, Putz abgefallen, Löcher in der Wand, Geruch wie in einem Schweinestall. Hier war jahrzehntelang nichts renoviert oder frisch gestrichen worden. Die Metallspinde klapperten und wankten, wurden nur noch von Pappe und abgesägten Besenstielen gehalten. Die Fächer waren verschwunden, man stapelte die Klamotten aufeinander. Wehe, du suchtest was von ganz unten.

Wieder pilgerte ich zum Direktor, erbat frische Farbe und neue Spinde. Er schien aufgeschlossen, ließ sich jedoch Zeit. Nach einigen Wochen strichen dann tatsächlich Maler die Wände an, aber wie: Unten rosa und weinrot, oben grün, wie ein Papageienkäfig. Wir vermuteten, der Direktor hatte die Farbeimer irgendwo als Reste aufgetrieben und wahllos zusammengewürfelt.

Beim Essen war überhaupt nichts zu machen. Das blieb meistens dünn und wässerig. Zur Abwechselung gab es mal türkischen Joghurt, der wie Buttermilch schmeckte. Mein Magen, der an Vaters und Mutters gute und kräftigende Küche gewöhnt war, verdaute diese Kost immer noch nicht. Das Fleisch im Eintopf bestand aus Fettfetzen, die seltenen Kartoffeln waren grundsätzlich hart. Wenn doch mal Hackbällchen aufgetischt oder wir vereinzelt mit Zuckerstangen verwöhnt wurden, war das ein Festtag. Von den kleinen Portionen wurde man aber nie satt.

Weil das Essen oft zerkocht war und nach nichts schmeckte, schütteten wir es in unsere Teekocher, gaben Gemüse dazu und würzten nach. Die Hähnchen kamen fast weiß und vollständig zerhackt bei uns an, kein Vergleich mit den knusprigen Vögeln, die ich aus der Heimat kannte. Man musste das Fleisch sorgsam rausspülen und immer noch höllisch aufpassen, dass nicht winzige Knochensplitter in der Speiseröhre stecken blieben.

Plötzlich wieder Aufregung in der Zelle. Ich hatte mich, als Zemi ausgezogen war, mit dem Turkmenen angefreundet, der einigermaßen Englisch sprach. Bekannt war, dass er einen Mann ermordet hatte – aus Versehen im Streit, ohne Absicht. Das hatte man akzeptiert, weil er ein netter Kerl und nie böse war. Vor ihm fürchtete ich mich keine Sekunde. Nun wurde ein neuer Turkmene eingeliefert, und der erzählte die Geschichte anders: Unser Turkmene hätte den Mann aus Eifersucht angegriffen und erstochen.

Da fühlten sich alle hinters Licht geführt. Der Turkmene wurde abends in den Aufenthaltsraum zitiert und verhört. Erst verpassten sie ihm leichte Schläge auf den Kopf, stießen ihn vor die Brust, verlangten „die Wahrheit". Denn der neue Turkmene hatte auch ausgeplaudert, sein Landsmann sei schwul. Das war noch schlimmer als Mord. Die Georgier bedrängten ihr Opfer: Gestehe, du bist ein Schwuler! Der arme Kerl stritt zunächst alles ab, aber die Georgier wollten das nicht glauben. Sie prügelten nun härter auf ihn ein, aber nicht ins Gesicht, wo die Spuren sie verraten hätten.

Während dieser Folter musste der Turkmene reglos auf einem Stuhl sitzen, die Hände nach unten. Später traten sie den Wehrlosen mit Füßen, bis er keine Luft mehr bekam. Sie ließen ihn einen Augenblick verschnaufen, dann misshandelten sie ihn weiter, bis er halb tot umkippte.

Ich lag oben im Bett, wurde durch den Lärm aufmerksam und war völlig geschockt. Mein Freund krümmte sich weinend auf dem Stuhl, über ihn die Georgier, die ihn pausenlos anbrüllten: „Sag die Wahrheit!" Einer stand an der Zellentür Schmiere. Mit einem Stück Spiegel konnte er durch die Luke den Gang beobachten. Das „Verhör" dehnte sich auf fast drei Stunden aus. Sogar diejenigen, mit denen der Turkmene am Tag noch gelacht und eine Zigarette geraucht hatte, beteiligten sich an der Prügelorgie. Er musste sich vor sie hinknien und um Verzeihung bitten. Eine abscheuliche Gemeinheit, aber wieder konnte ich nichts dagegen tun, sonst wäre ich der nächste auf Knien gewesen.

Gegen Mitternacht zwangen sie den Turkmenen, nach dem Wärter zu rufen: „Ich muss aus dieser Zelle raus!" Als der Wärter verständnislos guckte, musste der Geschundene sagen: „Ich bin anders, ich liebe Männer, sie wollen mich hier nicht mehr haben." Selbst wenn er wirklich nicht schwul war, in seiner Todesangst hätte er vielleicht auch zugegeben, es mit Katzen zu treiben. Häftlinge warfen die wenigen Sachen des Verprügelten in einen Plastiksack und beschimpften ihn: „Ekelhaft, pfui Teufel!" Der Wärter fragte, ob irgendetwas vorgefallen sei. Der Chef der Georgier und sein Opfer beteuerten beide: „Nein!"

Mir ist der Schock in alle Glieder gefahren, wie brutal diese Bande sich aufführen konnte. Ich war empört, dass man einen Leidensgenossen, mit dem man monatelang friedlich zusammengelebt hatte, so zurichten konnte. Und ich hatte ihm nicht beistehen können! Es wäre völlig sinnlos gewesen. Ich hätte mir nur Feinde gemacht – lebensgefährliche Feinde!

Als ob mich eine Vorahnung gewarnt hätte: Du wirst noch lange in dieser Zelle sitzen!

Hier geh' ich vor die Hunde

Der geschlagene Turkmene war für uns eine deutliche Warnung: Entweder ihr macht freiwillig, was die Chefs verlangen, oder wir zwingen euch mit brutaler Gewalt. Zwar hatten mich die Georgier bei sich aufgenommen, weil sie mein Geld gern nahmen. Und sie versprachen sich etwas davon, dass der Promi-Gefangene jederzeit beim Anstaltsleiter anklopfen konnte. Aber einer von ihnen war ich deshalb noch lange nicht.

Ein Problem war, dass die Georgier sich ihre Zigaretten nicht einteilen konnten. Wenn der Einkauf montags abgeliefert worden war, qualmten sie wild drauflos und waren jedes Mal verblüfft, dass am Wochenende nichts mehr da war. Dann drehten sie sich aus Tabakkrümeln und Zeitungspapier ihre Stummel und wurden mürrisch. Lieber aber bettelten sie scheinheilig: „Hast du noch eine für uns?" Damit war ich meine letzte Schachtel los.

Ich sah nicht mehr ein, dass ich mit meiner Ration vernünftig umging und dann die anderen mit verpflegen sollte. Im Bettgestell und tief unten im Spind vergrub ich meine Reserven. Die rauchte ich entweder auf dem Klo oder im Bett, wenn alle in den Fernseher glotzten. Es war gefährlich. Denn einer der Georgier, der wieder mal auf Droge war, suchte einmal so lange in meinem Schränkchen, bis er die verborgenen zwei Schachteln entdeckte und rausfingerte. Das war für die Georgier okay, denn ich hatte ihnen ja was vorenthalten.

Mit den wenigen friedlichen Zellengenossen konnte man dagegen fair handeln. Denen gab ich, wenn sie in Not waren, von meinen Zigaretten und bekam sie bei der nächsten Lieferung zurück, manchmal mit ein oder zwei Dankeschön-Zigaretten obendrauf.

Wenn ich mir heute diese acht Monate Haft von der Seele schreibe, erinnere ich mich immer an die Angst, ich könnte es mir mit den Georgiern verderben. In der Zelle wagte es niemand, dir zu helfen, wenn du bei dem Wortführern angeeckt warst. Wie oft beruhigte ich meine Mithäftlinge, wenn sie gegen die Macht der Gruppenchefs aufbegehrten. Für mich war das wie der Ritt auf der Rasierklinge. Wer sich mit „Rebellen" abgab, konnte schnell vom Strudel mitgerissen werden.

Meistens konnte ich den Neuen nur zuflüstern, dass sie höchstens 50 Euro einzahlen sollten. Das genügte für die Grundausstattung wie Toilettenzeug, Bettwäsche, Handtuch, Trinken und Zigaretten. Das verhinderte, dass sie über die Bestellzettel hemmungslos abgezockt wurden – vor allem für Obst, aus dem der Alkohol gebraut wurde. Aber auch für Kekse und Schokolade, sozusagen fürs süße Leben. Manchmal hatte ich den Eindruck: Diese Georgier, die vorher auf der Straße oder in Ruinen gehaust, gestohlen und geraubt hatten, fühlten sich im Gefängnis richtig wohl.

Ja, es waren acht Monate Furcht, Verzweiflung, Ekel, Verstellung, Überlebenskampf. Ich musste die Georgier freundlich grüßen, bei ihren Witzen lachen, mit ihnen die Zigaretten rauchen, die sie von mir genommen hatten. Dabei hätte ich ihnen meine Abscheu lieber ins Gesicht geschrien.

Wenn du innerlich so aufgeladen bist, dir aber nichts anmerken lassen darfst, dann nervt die türkische Schlamperei umso mehr. Eine Woche lang bekam ich keine Faxe. Ich wusste aber, dass meine Mutter jeden Abend welche schickte. Erster Gedanke: ‚Himmel, ist daheim etwas passiert?' Zweiter Gedanke: ‚Wollen die mich von der Außenwelt abschneiden? Und warum?' Die Wärter ließen mich erst abprallen: „War kein Fax für dich dabei!" Tage später erfuhr ich den Grund: „Fax kaputt".

Briefe konnte man vergessen, die waren bis zu vier Wochen unterwegs. Ein Eilbrief landete nach sechs Tagen in Istanbul, brauchte bis zum Gefängnis zwei Wochen, von dort in die Zelle noch mal eine Woche. Selbst wenn ich Mama und Papa schrieb, die in einem Hotel in Manavgat bei den Anwälten warteten, dauerte es vier Tage – obwohl sie nur eine Autostunde entfernt waren.

Mitte September war mir immer klarer: In dieser Ausländerzelle gehst du vor die Hunde! Ich hatte inzwischen ein Bett ganz oben bezogen. Hier war es noch stickiger, weil die Hitze sich unter der Decke staute. Aber ich hatte einem älterem Mann, ungefähr 60, der kaum noch so hoch klettern konnte, meine kühlere Liege gegeben. Von der neuen Schlafstätte aus genoss ich den direkten Einblick in die georgische Ecke. Jedes Mal, wenn sie die Nadel mit dem Heroin kreisen ließen, und sich in die Armvenen spritzten, schüttelte es mich: Wenn nur einer von denen eine versteckte Krankheit hatte, dann infizierte er die ganze Bande! Und wenn sie im Drogenrausch waren, hatte ich immer Angst, dass mir einer vielleicht mal die Spritze in den Körper stechen würde. Er brauchte ja nur zu stolpern …

Darüber konnte ich mit meinen Eltern beim offenen Besuch nicht reden. Überall Zuhörer, das hätte gefährlich werden können. Anders in den Gesprächen mit den Rechtsanwälten und dem Konsulat, das meine Eltern informierte. Als sie Bescheid wussten, konnte ich meine Mutter bitten, sich für eine Verlegung einzusetzen. Aber ich beschwor sie: „Kein Wort von den Drogen, sonst bin ich dran!" Meine Anwälte und das Konsulat beantragten meine Verlegung, die wurde aber abgelehnt.

In diesen Tagen hatte ich, als ich zum Telefon geholt wurde, durch die offene Luke zwei Zellen weiter Zemi erspäht, durfte sogar eine Minute mit ihm reden. Zemi verriet mir schnell: „Es gibt eine

Möglichkeit, wie wir miteinander Kontakt halten können." Mit einer Art Luftpost.

Man nehme ein halbes Blatt Papier DIN A4, rolle das beschriebene und gefaltete Papier um eine dicke Batterie, packe sie in eine Folie, in der Zigarettenschachteln eingewickelt sind, halte eine Feuerzeugflamme vorsichtig dran, so dass die Folie verschmilzt, bis sie wieder dicht ist. Oben schrieb man dann Zelle und Namen drauf. Schließlich warf man dieses Päckchen mit Kraft und Geschick über die zehn Meter hohe Mauer des Innenhofes. Die Postwurfsendung flog über weitere Mauern bis zum Ziel. Oft verging nur eine Viertelstunde, bis es in unserem Hof „plopp" machte und die Antwort auf dem Boden lag.

Natürlich war ich neugierig, wie Zemi in der neuen Zelle lebte. Er eröffnete eine ganz andere Welt: Keine Gruppen, keine Chefs, keine Gewalt! Jeder kaufte für sich ein, zahlte trotzdem einen Betrag für die Gemeinschaftskasse, um Tee und Putzmittel zu besorgen. Bei mir hat es sofort klick gemacht: Da musst du hin! Schon wegen Zemi, wegen des lange vermissten Deutschsprechens, aber besonders deswegen: Keine Angst mehr!

Zemi berichtete mir, dass sie sogar Arbeit hatten. Sie bemalten Teller, mit denen die Familien der Häftlinge gern zuhause ihre Wände schmückten. Ich wollte auch etwas arbeiten, um der Langeweile zu entgehen. So trug ich es beim Gefängnisdirektor vor. Er wand sich: „Kaum möglich!" Nachdem meine Verlegung abgelehnt worden war, schrieb meine Mutter einen besonders höflichen Brief an den Direktor. Sie ließ ihn ins Türkische übersetzen und faxte ihn an das Gefängnis. Aber auch nach Tagen keine Antwort! Ich war fertig. Weil ich gehofft hatte, dass ich vor dem vierten Prozesstag noch ein bisschen Kraft in einer ruhigen Zelle sammeln könnte.

Dieser Prozesstag war wieder so enttäuschend, niederschmetternd, voll ohnmächtiger Wut, dass ich jetzt noch meinen Zorn bändigen muss. Wieder wurde vertagt, weil ein medizinisches Gutachten über den aktuellen Gesundheitszustand von Carolina und auch ihre Aussage fehlten. Ich konnte mir leicht ausmalen: Wenn sich Carolina nicht untersuchen ließ, dann würde ich hier noch bis zum Sankt-Nimmerleins-Tag sitzen!

Ich kam völlig geknickt ins Gefängnis zurück. Doch die Wärter brachten mich nicht in die Zelle, sondern zum Direktor. In meinem Zustand hatte ich gar keinen Bock, bei ihm lieb Kind zu spielen. Die andere Leier mit „Armer, armer Junge, tut mir leid" wollte ich auch nicht mehr hören. Aber nach einigen Sätzen über die Verhandlung fragte er: „Willst du immer noch aus deiner Zelle?" Ich nickte, da forschte er weiter: „Warum?" Nun half nur noch eine ehrliche Antwort: „Weil der einzelne dort unterdrückt wird und ich mich sehr schlecht fühle".

Oh Wunder, der Direktor entschied: „Du kannst in die gewünschte Zelle!" Ich freute mich irrsinnig – und fürchtete mich sofort wieder. Inzwischen waren die Temperaturen auf 25 Grad gefallen. Das empfand man nach 50 Grad Hitze beinahe als kühl, ich hatte schon mehrere Jacken, Pullis und Hosen in meinem Spind gestapelt. Das ganze Zeug konnte ich nicht einfach so raustragen, das versteht doch jeder. Der Direktor schickte deshalb einen Wärter mit, der aber vor der Tür wartete. Die Jungs in der Zelle schaute ich mit traurigen Augen an: „Prozess wieder verschoben!" Mit noch traurigeren Augen heuchelte ich Trennungsschmerz: „Ich muss weg, werde in ein anderes Gefängnis verlegt."

Dann verdrückte ich mich schnell in die erste Etage. Ich griff gerade mein Bettzeug. Die Georgier kamen mir nach, sie trauten der Sache nicht: „Wieso wirst du verlegt?" Sie waren sauer, dass ihr bester Beschaffer von der Fahne ging. Ich schleuderte meine

Klamotten, Bücher, Papier und Stifte in zwei Plastiksäcke, fasste gerade an die Tür, als einer – laut und böse – schimpfte: „Du willst doch weg von uns! Der verarscht uns!" Der Wärter hatte mich verraten. In der Sekunde schlüpfte ich nach draußen. Das war knapp. Ein paar Schuhe und meine kuschelige Decke blieben zurück. Egal!

Zemi umarmte mich. Die Zelle war kleiner, mit 15 Mann waren alle Betten besetzt. Ein junger Türke wies auf seine Liege, rupfte das Laken ab und legte es auf eine Matte auf dem Boden. Ich lehnte ab, doch Zemi überzeugte mich: „Du kannst annehmen. Für den Jungen ist es eine Ehre!" Alle hier waren freundlich. Die meisten kamen nicht aus der Gosse, hatten vorher in einem ordentlichen Beruf gearbeitet, waren teilweise erfolgreiche Geschäftsleute. Erkan zum Beispiel war Bauunternehmer und sprach auch Deutsch, ein Immobilienmakler war auch dabei. Sie hatten, das lässt sich nicht verschweigen, krumme Dinger gedreht. Aber sie besaßen immer noch genügend Lira, um für die Gemeinschaftskasse zu sorgen.

Das war wichtig, weil neben den gestandenen Männern auch vier, manchmal fünf Jugendliche hier wohnten und – das hatte der Direktor richtig eingeschätzt – von den Erwachsenen zurechtgebogen wurden. Es galt: Nur wer Essen holt und aufträgt, Geschirr abwäscht, Tee kocht, Tische sauber wischt und sich beim Hausputz meldet, erhält einen Lohn, am Ende des Monats etwa 10 Euro, von denen sie sich Cola oder etwas zum Naschen leisten konnten.

Einziger Nachteil dieser Zelle: Die verbotenen Spiele gab es hier nicht. Also kein Backgammon, keine Karten, keine Würfel. Der Hof war auch zu eng, um dort Volleyball zu spielen.

Außer Zemi traf ich seinen Kosovo-Kumpel, dem sie zwei Türen weiter die Lippe blutig geschlagen hatten, und den Turkmenen, der so grausam verprügelt worden war. Wir hatten uns viel zu erzählen. Erkan, der mit der Baufirma, plauderte Deutsch mit mir. Er war mit einer Deutschen verheiratet. Mit ihr schlossen meine Eltern später Freundschaft.

Ihr Sohn half ihnen auch bei der Kleiderabgabe im Gefängnis. Dort mussten Mama oder Papa die Sachen für mich durch eine Luke hineinreichen. Immer wieder erlebten sie, dass sich eine andere Luke öffnete und die Kleidung für mich zurückkam. Das hieß: Nicht angenommen! Warum? Ist es die schlechte Laune des Beamten, Willkür oder irgendwelche Vorschriften, die wir nicht kannten? Erkans Sohn unterhielt sich mit dem Wächter an der Annahme. So fanden wir heraus: Man durfte nichts Blaues und nichts Grünes abgeben, das wurde in jedem Fall abgelehnt. Aber man hatte auch nur Anspruch auf eine bestimmte Anzahl von Kleidungsstücken. Und ich hatte angeblich genug zum Anziehen. Erst als sie erwähnten, dass ich einiges in der Zelle hatte lassen müssen, genehmigten die Wärter die Abgabe von ein paar Schuhen, einem weiteren T-Shirt und einer Hose.

Überhaupt, diese Klappe. Ein Mitgefangener hatte mich vor ein paar Wochen unterrichtet, dass man auch Fotos haben durfte. Ein Bild von meiner Familie – von Angesicht zu Angesicht - würde mir das Leben erträglicher machen. Am liebsten hätte ich es sofort gehabt. Es war nur eine Hürde zu überwinden: Fotos mussten auch an der Kleiderklappe eingereicht werden. Aber mein Kontingent war angeblich erschöpft. Keine Klamotten mehr, also auch keine Fotos mehr! Zum Glück hakte Anwalt Ahmet nach und ermittelte nach langen Diskussionen, dass mir noch genau eine Unterhose und ein paar Socken zustanden. Er rannte vor das Gefängnis, wo fliegende Händler ihre Stände aufgebaut hatten, und kaufte ein. So überwanden die Fotos mit der Kleidung die Sperre. Jedes wurde geprüft, mit einem Stempel gezeichnet. Das Bild, das meinen Bruder und mich bei der kirchlichen Trauung

Ein Bild aus glücklichen Tagen: Das Hochzeitsfoto meiner Eltern,
das ich, nachdem ich es bekommen hatte, nicht mehr zur Seite
legte, sondern immer bei mir trug.

unserer Eltern zeigt, schaute ich jeden Morgen und Abend an, ich trug es auch oft in der Hosentasche. Einmal sogar beim Prozess, als Talisman. Da wirkte es aber leider nicht.

Die erste Nacht schlief ich verblüffend gut, am nächsten Morgen um 8 Uhr marschierte ich mit zur Arbeit. Ich war sofort begeistert. In der Werkstatt standen Bänke, die Teller waren bereits einmal im Grundton blau vorgebrannt. Das Bild stanzte man aus kleinen Löchern in eine Papierschablone. Mit einem Metallstift (abgerundet, keine Spitzen, damit man niemanden bedrohen oder verletzen konnte) kratzten die Männer die Umrisse in den Ton. Danach malte man den Teller aus, schliff ihn unten ab, bohrte ein Loch in die Mitte (zum Aufhängen) und brannte das Kunstwerk.

Nach einem halben Tag hatte ich genug gesehen, schnappte mir einen Teller mit einem Blumenmotiv, war am nächsten Mittag fertig. Die Kollegen schabten ein paar Kleckse weg, lobten mich. Nun war ich Maler. Es war Arbeit, bei der ich mich entspannen konnte. Zemi und Erkan halfen mir, nicht nur bei den Tellern. Mit ihnen durfte ich offen reden, sie wurden meine Vertrauten. Zum ersten Mal sah ich auf die vollständige Bestellliste für den Gefängnisladen, mit Köstlichkeiten, die mir Georgier und Rumänen vorenthalten hatten: Wurst, Käse von der Kuh, Ketchup für Nudeln, Marmelade für Joghurt. Der *bashkan* (Führer) unserer Zelle war auch Verantwortlicher in der *cantina*. Er legte begehrte Artikel für uns zur Seite, Beziehungen sind eben alles. So erfuhr ich, dass ich mir die BILD-Zeitung bestellen konnte. Es kostete zwar 15 Euro für zwei Wochen, aber das war mir das Vergnügen wert. Eine deutsche Zeitung, täglich neu!

Dann wieder Alarm: Wieder keine Faxe, wieder Sorgen! Aber es stellte sich heraus, dass die Wärter meine Faxe ohne nachzudenken in die Ausländerzelle geliefert hatten. Erst Tage später bekam ich sie.

Das Bemalen der Teller vertrieb die Langeweile und ließ mich an meine Eltern und Freunde denken.

Ich war relativ zufrieden in meiner neuen Zelle. Ich war erleichtert, die große Angst war gewichen. ,Du musst dich in dein Schicksal fügen', predigte ich mir immer wieder, ,sonst vergeudest du zuviel Kraft.' Mittlerweile rechnete ich damit, dass ich vielleicht ein Jahr eingesperrt bleiben würde. ,Du hast Arbeit, nette Leute und ein friedliches Leben: Halte dir das vor Augen, dann wirst du die Zeit überstehen, sagte ich mir immer wieder!'

Das war ein Rezept, aber nicht genug, die Tücken der türkischen Justiz zu überstehen.

Dieses Armband
„Ein Herz hinter Gittern"
fertigte ich aus winzigen Perlen für meine
Eltern während der Zeit im Gefängnis.

Der Terrorist ist sehr nett

Wenn man einen Film über meine 247 Tage in dem türkischen Gefängnis drehen würde – unsere Malerwerkstatt wäre sicher eine komische Szene, jedenfalls auf den ersten Blick. Da beugen sich Knastis über Teller, sticheln und pinseln mit einer Engelsgeduld Blumen und andere Ornamente. Auch einer der Wärter war fleißig dabei, weil ihm das Spaß machte, während der andere der Ordnung halber aufpasste. In dieser Truppe dachte sowieso keiner an Randale oder Ausbruch. Dies war schon eine „besondere" Zelle, sie war auch nicht so überfüllt wie viele andere in türkischen Gefängnissen.

Ich war stolz auf meine Teller. 24 davon habe ich in der *cantina* gekauft und nach Deutschland mitgebracht. Richtig, ich musste meine eigenen Teller kaufen. Auch die Uhr (man befestigt vorne die Zeiger, verbindet sie durch ein größeres Loch mit dem Motor auf der Rückseite) hängt bei uns zuhause. Einer der Aufseher schaffte Teller von mir zur Seite, als die Werkstatt im Gefängnis in diesem Jahr geschlossen wurde, und überreichte sie später meiner Mutter. Es gibt nette Türken, das darf man nie vergessen.

Das Leben schien erträglich, verglichen mit der Zeit davor. Wir beendeten unsere Malerei um 17 Uhr, danach wurde gegessen, gelesen oder ferngesehen. Um Mitternacht war Ruhe im Saal. Wir sollten ja bei unserer Arbeit wieder wach sein. Überall sah man den Versuch, die Härte des Gefängnisdaseins abzupolstern: Kissen auf den Bänken, Decken auf den Tischen, nach jeder Mahlzeit wurde abgewischt. Aus der Dusche (mit Duschkopf!) floss sogar zwei Mal in der Woche über eine knappe Stunde heißes Wasser.

Der fünfte Prozesstag dämmerte herauf, die Freunde in der Zelle bestärkten mich: „Du wirst jetzt rauskommen, die können dich nicht ewig hier festhalten." Aber ich war misstrauisch geworden: ‚Irgendeinen Grund werden die Richter schon finden, um dich wieder hinter Gitter zu verfrachten, freue dich lieber nicht!' Dieses Gericht hatte auch das Gutachten von drei Ärzten der Universität Istanbul beiseitegewischt: Die vier Spermien bei Carolina ließen sich „auch ohne Penetration" erklären. Das Gericht hatte den Antrag meiner Verteidiger auf Haftverschonung abgelehnt, der so begründet worden war: *Der Vorwurf der Vergewaltigung hat sich in Luft aufgelöst!* Die Richter blieben hart: Es bestehe unverändert der Verdacht einer schweren Straftat. Sie hatten allerdings übersehen, dass z.B. Alex' entlastende Aussage nicht vollständig protokolliert worden war.

Diesmal wurde alles ganz schnell abgehandelt. Meine Anwälte nahmen einen neuen Anlauf, mich aus der Haft zu holen, Carolinas Anwalt war dagegen. Ergebnis: Abgelehnt, neuer Termin in vier Wochen. War das reine „Willkürjustiz", wie es in einigen Kommentaren deutscher Blätter hieß?

Zuhause habe ich später nachgelesen, wie über diesen schleppenden Prozess diskutiert worden war. Der SPIEGEL prangerte an: *„Marco ist der Gefangene dieses einen Gerichts, seiner mindestens fragwürdigen Beweiswürdigung, seines umstrittenen Umganges mit dem modernisierten Strafgesetzbuch. Ein Gericht, das erkennen lässt, wie schwer sich Teile der türkischen Justiz immer noch mit dem Umbau zum modernen Rechtsstaat tun!"*

Ein türkischer Professor für Strafrecht bezweifelt, dass die „Reform in den Köpfen" angekommen ist, und warnte: „Marco darf nicht zum Opfer dieses Übergangs werden." Für den Juraprofessor und Türkei-Kenner Hans-Heiner Kühne aus Trier ist das Gericht in

Antalya zu lange der zwingenden Frage ausgewichen: Wie lange darf man Marco ohne eine verwertbare Aussage von Carolina in Untersuchungshaft halten? Silvia Tellenbach vom Max-Planck-Institut für ausländisches Strafrecht wies auf „eine türkische Eigenart im Strafprozess" hin, die sogenannten „Durchruftermine": Eine mündliche Verhandlung wird angesetzt, die Parteien stellen ihre Anträge, danach wird sofort vertagt. Der Grund: In der Türkei gäbe es zu wenig Richter, deshalb zögen sich die Prozesse viel länger hin als in europäischen Ländern.

Noch schwerer wog, was der Istanbuler Anwalt Iplikcioglu – den meine Eltern zusätzlich beauftragt hatten – aus einem Rechtshilfeersuchen des Richters vom 11. Mai 2007 an die britische Justiz zitierte: *Es wird davon ausgegangen, dass der Angeklagte einen sexuellen Angriff versucht hat.* Für den Anwalt war offensichtlich, dass der Richter voreingenommen und damit befangen war: „Hier wird nicht mehr prozessiert. Hier versuchen Richter nur noch, von ihren eigenen Fehlern abzulenken."

Mein Trost, als ich wieder ins Gefängnis gefahren wurde: Lieber verbrachte ich noch mal fünf Monate in der neuen Zelle als nur einen Tag in der alten. Meine Eltern wussten, dass es mir jetzt trotz allem besser ging. Und ich wusste, dass ihre Angst nicht mehr ganz so groß war, auch wenn sie von Tag zu Tag mehr verzweifelten.

Mama, Papa, mein Bruder und ich. Vorher, als „grüner" Junge, hatte ich mir nie vorstellen können, dass ein gemeinsames Unglück so zusammenschweißen kann. Immer noch blättere ich gern in den Faxen und Briefen, aus denen die Liebe der Eltern nur so strömt. Wie oft las ich sie im Knast, steckte sie unter mein Kopfkissen, als könnten die Gedanken damit noch tiefer in mein Gehirn dringen. Manchmal muss ich über den schwarzen Humor lachen, mit dem wir die schwere Zeit meistern wollten.

Mama an Marco, 29. Mai 2007: „Unsere vorlaute Motzkugel wird überall vermisst." Eine zarte Erinnerung, dass ich früher mächtig viel rumgeschimpft hatte.

Mama an Marco, 17. Juli 2007: „Dein Abenteuerurlaub mit Sprachreise inklusive."

Mit der Tonlage wollte ich natürlich mithalten. Marco an Eltern, 7. Dezember 2007: „So langsam vermisse ich euch Alten und euer Gemecker … Ich weiß, dass ich nicht immer ein Engel war … Ich wünsche mir nur eins, dass wir glücklich miteinander leben, bis ihr alt und schrullig seid. Und ich euch wegen Nervigkeit ins Altenpflegehotel stecke. Aber vorher will ich mit euch noch viele Jahre Glück und Spaß haben … Und immer ganz ruhig und gelassen bleiben wie die Türken."

Das war natürlich nur eine andere Form zu gestehen: Ich liebe Euch!

Meine Briefe spiegelten ziemlich genau meinen jeweiligen Gemütszustand wider. Es war mir gleich, dass sie durch die Zensur mussten. Natürlich konnte ich nicht alles schreiben, insbesondere nichts über den Zustand des Gefängnisses. Dann wären die Briefe nie angekommen.

30. Mai 2007: „Heute haben sie unser Volleyballnetz weggenommen. Sie meinen, es könne sich jemand aufhängen. Ich habe morgens oft Bauchweh. Das kommt von den Albträumen, die ich neuerdings habe. Ich träume oft, dass ich erst mit euch zusammen bin und plötzlich seid ihr für immer weg."

Hallo Mama! Jetzt sind schon wieder paar Tage vergangen und der nächste offene Besuch ist auch schon bald. Ich freu mich schon riesig drauf. Hast du inzwischen dir schon was ausgedacht was ich für euch malen kann? Weil so langsam gehen mir die Ideen aus. Vielleicht hast du ja auch noch eine Idee was ich für Dennis malen kann. Am Montag war für die Muslime ein Heiliger Tag wenn man an den Tag Bette zählt es wie 1000 mal normales Betten. Manche Bitten die ganze Nacht durch. Ich wurde am Montag auch in die Kunst des Muslinischenbeten eingeweiht. Also vor der Traditionel Waschen 3 mal Gesicht, 3 mal Nase und Mund dan mit den kleinen Finger die Ohren mit den Daum hinter den Ohren und mit der an der 3 (also bei 2 Händen 6) Finger den Nacken. Dann noch mals Hände dann die Füße und man kann Gott gegen über Trotten. Ich habe mit den anderen an deren 30 min Gebetet Ich sag dir das ist wie Sport. Du hast das bestimmt schon mal gesehen. Es war sehr spannend auf aufregend. Mein ganzer Körper hat gekribbelt, ob das so ist wann man mit Gott verbunden ist? Auf jeden falls habe ich mich richtig gut gefühlt und es hat mir neue Kraft zu durch halten gegeben. Wenn ich Frei bin gehen wir dann abends zusammen zur Kirche? Ich habe hier im Knast zum Glauben gefunden und möchte in auch weiter hir dran Dran behalten. Bei mir gibs sonst nicht neues. Gibts denn bei euch was neues? Du weißt mich kann nicht mehr umhauen. Ich habe scho vieles verkraftet und weiß das ich durch halt (fast) egal was kommt. Das schlimmste wäre wenn euch was passiert. Also pass ten teroh auf. Wenn ich Frei bin passen wir gegens oi tig an fur auf OK? So viele grüße an Chrissy und Co, Dennis und THW, Das Internet Forum, Sascha, Xenja und natürlich an Papa und dich. Ich umarme dich und geb dir 1000 Küsse dein Kleiner Prinz

                                        Marco

August 2007: „Ja, ich kann aus dem Fenster schauen und sehe auch manchmal Sterne und dann denke ich an euch und wie ich oft im Sommer auf dem Balkon lag und sie mir anschaute."

1. August 2007: „Mama, warum hast du keine Lust zum Tanzen? Das gefällt mir nicht! Ich denke mal, dass ist wegen mir und das möchte ich nicht. Also rappel dich hoch und tanz für dich und für mich."

August 2007: „Wie geht es eigentlich den Katzen? Hast mir ja erzählt, dass sie mein Bett „erobert" haben." Über die Zeit im Gefängnis: „Vielleicht hat es das Schicksal so gewollt und vielleicht wäre mir sonst etwas viel Schlimmeres passiert."

Anfang September 2007: „Wir sind jetzt schon wieder 30 Leute. Ist ganz schön laut, habe mich schon daran gewöhnt. Der Terrorist, von dem ich gesprochen habe, ist sehr nett. Er spricht Englisch und das sehr gut. Mann, das hätte ich niemals gedacht, dass ich mal so hautnah mit einem Terroristen zusammen sein würde. Der Mann hat versucht, ein Flugzeug zu entführen, weil er heim wollte zu seiner Familie. Ich glaube, wenn ich frei bin, schreibe ich ein Buch."

19. Oktober 2007: „Mir fällt gerade auf, dass meine Füße kalt sind. Papa kann ja noch ein, zwei Socken abgeben. Ich bin ja jetzt schon das türkische Tropenwetter gewöhnt, da sind 15 Grad Celsius sehr kalt. Ich kann jetzt sogar schon sagen, dass ich mit einer Strafe klar kommen würde, da ich diese Ungewissheit nicht ausstehen kann."

29. Oktober 2007: „Habe euer Hochzeitsfoto und ein Foto von meinem THW-Freunden bei mir im Bett. Bevor ich schlafen gehe, bete ich und schaue mir die Fotos an."

An. Martina Weiss

Hallo Mama. Na bist bestimmt schon wieder voll im Arbeits-
stress. Wir sind jetzt schon wieder 30 Leute. Ist ganz schön
laut aber ich habe mich wie an so vieles auch daran gewöhnt.
Der Terroristen von dem ich gesprochen habe, ist sehr nett. Er spricht
Englisch und das ziemlich gut. Man das hätte ich niemals gedacht
das ich mal so Haut nah mit einem Terroristen zusammen bin. Ist
schon lustig wie schnell man in so ungewollte Situationen kommt.
Ich habe heute also am Montag das Buch von der Andrea angefangen
zu lesen. Die ersten Seiten waren sehr intressant und gab an genau
das wieder was ich fühle. Ich glaube wenn ich frei bin schreibe ich
auch ein Buch. lustig „Marco Weiss" als Autor *grinz*. Mal
schon ob ich dafür Zeit habe. Wenn ich nicht gerade für Schule
lerne oder was mit Freunden oder mit euch Mache. Und wenn ich 18
bin, will ich Motorrad fahren. Ich Träume jetzt öfters davon
und will die Freiheit genießen und ich versprech. dir jetzt
schon ich werde nicht bei schlechten Wetter fahren. Bitte
versteh diesen Wunsch, ich denke du kennst das gefühl sehr
gut. Es war schon als ich klein war ein Traum und wenn ich
frei bin möchte ich mir den Traum erfüllen. Ich würde
alles dafür tuen sogar meinen PC verkaufen. Den vermisse
ich übrigends s am wenigsten. Ob das glaubst oder nicht
Mir ist hier klar geworden was wichtig und was unwichtig
im Leben ist. Man ich vermiss euch richtig. Ihr hattet viele
kleine Probleme. Nein besser gesagt ich war das Problem. Ich bin
euch so dankbar das ihr zu mir steht und mir die Kraft
zum durchhalten gibt. Ich weiß nicht was ich ohne euch machen
würde. Ich hab euch sehr lieb. So wieder viele Grüße an
alle. Seid ganz doll gedrückt und bekommst mal wieder einen
dicken, dicken KUSS von deinem kleinen Prinzen.

Euer Marco

31. Oktober 2007: „Heute ist einer aus meiner Zelle freigekommen, der ein ähnliches Problem wie ich hatte. Er ist nach 14 Monaten freigekommen. Das Mädchen war 14 und der Vater hatte ein Problem damit, vor der Ehe miteinander zu schlafen, und hat den Mitgefangenen angezeigt. Das gibt mir Hoffnung, da er mit dem Mädchen geschlafen hat und ich nicht, dass es dieses Jahr klappt."

9. November 2007: „Also Kopf hoch und weiter durch die Felsenlandschaft. Ich habe ja auch Höhen und Tiefen und finde doch immer wieder Wege, wie die Felsen zu erklimmen sind, auch wenn man so oft abrutscht."

In einem Fax an Mama vom 30. November 2007, in dem ich mich für fünf Motorräder aus einer Zeitschrift interessiere: „Ich hätte am liebsten eine blau-weiße Maschine. Also THW-Farben. Mir geht es soweit wieder besser. So, bis bald, hab' dich und Papa sehr doll lieb. Nicht traurig sein, es wird hoffentlich bald wieder gut. Wir bleiben stark, okay?! Bis bald, dein kleiner Prinz!" So hatte mich meine Mutter zärtlich getauft – nach dem Kinderbuch.

Meine Eltern schrieben sich die Finger wund, an mich, an die Anwälte, an Freunde und Unterstützer. Mama ließ häufiger ihren Gefühlen freien Lauf. Zum Beispiel am 10. Juni 2007: „Bin natürlich total traurig und frustriert, dass es nicht geklappt hat. Aber du kennst mich: Ein paar Stunden heulen und dann schaue ich wieder nach vorne." Am 25. Juli 2007 teilte sie freudig mit: „Heute hatte ich keinen Albtraum. Heute habe ich von dir geträumt und du hattest lange Haare und du bist mit mir durch den Stadtwald gelaufen, das war ein schöner Traum."

Papa war mehr der Mentaltrainer, der – obwohl er selbst genug Probleme mit seiner Krankheit hat – mich stark redete. Sein erstes Fax brannte sich bei mir regelrecht ein: „Mein lieber Marco! Wir geben nicht auf. Wir setzen Himmel und Hölle in Bewegung. Denke daran, dein Leben liegt noch vor dir. Ich lebe auch für dich und ich werde kämpfen! Verspreche deinem Vater, dass du dich nicht unterkriegen lässt! Wir sehen uns, mein Sohn. Dein Vater."

Im Oktober streichelte er mich mit diesem Lob: „Ich spüre, dass ich einen starken Sohn habe, der sich nicht unterkriegen lässt … Denke bitte daran: Dein Kopf, deine Gedanken machen dich stark. Du entscheidest, ob es dir gut geht. Denke daran, du bist 17 Jahre alt und nicht 77. Es warten noch mindestens 60 Jahre auf dich."

Ja, solche Sätze zogen mich wirklich aus dem Sumpf, auch, weil ich jetzt mit Zemi und Erkan echte Freunde um mich hatte, bei denen ich mein Herz ausschütten durfte. Nun mußte ich nicht mehr alles in mich reinfressen.

Anfang November hörte ich zum ersten Mal, zunächst noch als Gerücht: Alle Ausländer sollten in das neue Gefängnis von Antalya eingewiesen werden. Das traf mich wie ein Genickschlag: ‚Findet man hier niemals Ruhe?! Ich will in dieser Zelle bleiben, bei diesen Menschen und meinen Tellern. Eine Ausländerzelle, vielleicht noch mit den Georgiern, die sich an mir rächen würden!'

Ich alarmierte meine Mutter und die Anwälte: Verhindert bitte, dass ich verlegt werde! Meine Mutter schrieb wieder einen Brief an den Direktor.

Aber weil in den nächsten Tagen keine neuen Nachrichten zu hören waren, regte ich mich langsam wieder ab, widmete mich mit Hingabe der Malerei und verscheuchte trübe Gedanken wegen Weihnachten und Neujahr im türkischen Gefängnis: Es hätte schlimmer kommen können. Die können mich hier nicht rausnehmen, das geht nicht!

Sie konnten doch. Am 13. November der Marschbefehl: Ab ins neue Gefängnis! Der Direktor hob entschuldigend die Hände: Anordnung vom Justizministerium, nichts dran zu ändern. Das Konsulat vermochte auch nichts auszurichten. Die neue Haftanstalt sei überraschend früh fertig geworden, die Ausländer müssten als erste rein.

Zemi würde mich nicht begleiten, der war kurz zuvor entlassen worden. Ich stand wieder allein da, ich hatte wieder Angst. Mit mir packte Nafiz, der Turkmene. Aber wir wurden von den Ausländern getrennt ins neue Gefängnis gefahren, mussten beim Direktor antreten und erklären, warum wir nicht mit den anderen Ausländern in eine Zelle wollten.

Der neue Direktor löste den Fall ganz schnell: „Okay, dann kommst du in eine andere Zelle." Aber in was für eine! Alleine!

Vertagt in alle Ewigkeit

Der Empfang im neuen Gefängnis war unfreundlich. Die Beamten filzten uns von oben bis unten. Wir mussten uns ausziehen, standen nackt da, während die Klamotten gründlich durchwühlt und mit Metalldetektoren geprüft wurden. Ich kam in Zelle B 8, hinter mir fiel die Tür ins Schloss. Zuerst zählte ich die Bettgestelle: Sieben dreistöckige, also 21 Mann. Die Matratzen lagen noch verpackt in einer Ecke.

Aber dieser Dreck! Alles war zugestaubt, voller Betonreste und Farbkleckse, wie in einem Rohbau. Der Zementstaub brannte sich in meine offene, ohnehin schon stark entzündete Haut. Und nichts war da. In den anderen Zellen hatten wir das notwendige zugekauft. Teekocher, Besen, Waschpulver, Bürsten. ‚Na ja‘, hoffte ich, ‚gleich wird der Turkmene auftauchen. Dann schauen wir mal, wie wir an solche Sachen kommen.‘ Die Stunden verrannen, aber ich wartete immer noch auf Nafiz.

‚Was machst du nun? Nur die Wände anstarren?‘ Ich nahm ein T-Shirt aus meinem Plastiksack, machte es nass und wischte die Dusche aus, dann einen Tisch sauber, zerrte die Plastikhülle von der Matratze und legte sie auf ein Bett, ich hatte ja Auswahl. Wärter brachten drei Teller, eine Tasse und Löffel. Ich fragte, wann der Turkmene komme. „Überhaupt nicht, der ist in der anderen Ausländerzelle." Wie das? Die Gefängnisleitung hatte so entschieden. Ich war nun mutterseelenallein! Hatte niemanden zum Reden. Ich war im Augenblick der einzige in der Zelle.

So ein Mist! Eine geräumige Unterkunft mit einem großen Gefängnishof und du schmorst in Einzelhaft. Für mich war das der Horror. Nach sieben Monaten hatte ich mich daran gewöhnt, mit anderen zu reden, zu essen und zu arbeiten. Doch hier wusste ich nichts: Wann waren Besuchstage? Wann durfte ich telefonieren? Wie bekam ich Faxe? Wie schickte ich Faxe weg? Wo und wann konnte ich einkaufen? Für einen Häftling sind das lebenswichtige Fragen.

Sie hatten mir auch alle Bücher abgenommen, alle Briefe und Faxe. Ein Dolmetscher musste sich hindurchhacken, ob etwas Gefährliches drin verborgen war. Dabei waren doch alle Bücher und Faxe längst schon einmal kontrolliert und abgestempelt worden. Das dauerte zwei Wochen. Mir fehlte besonders das Wörterbuch, so gut war mein Türkisch noch nicht.

Zelle B 8 hatte auch zwei Etagen. Unten der Aufenthaltsraum mit zwei Toiletten und zwei Duschen, dazu zwei Schlafzimmer mit je drei Betten. Oben waren es fünf Zimmerchen, sogar mit Türen und Spinden zum Abschließen. Das war natürlich viel angenehmer als die Schlafsäle im alten Gefängnis. Aber wie die hier gepfuscht hatten: Erst den Fußboden gestrichen, dann die Wände, zum Schluss die Decke. Unten war alles so voller Farbe und Beton, dass man das nur noch mit Meißel und Schaber entfernen konnte. Auch die Schränke und Betten aus Metall waren mit Farbspritzern vollgeschmiert, aber die verdeckte schon der Staub.

Dieses Gebäude war nach deutschen Maßstäben bestimmt nicht bezugsfertig. Auf den Gängen hingen die Kabel noch offen herum, die Telefone waren tot, Fax war nicht angeschlossen. Und, die Krönung, keiner wusste, wann Besuchstage waren. Man lief gegen eine Wand. Es war schon schwierig, überhaupt jemanden zu sprechen, da sich kaum mal einer blicken ließ. Und wenn: „Keine Ahnung, keine Ahnung!" Der Direktor ließ sich auch nicht sprechen. Ich fühlte mich völlig verloren. Einzelhaft ist wirklich die schärfste Strafe. Ich brauchte Kontakt mit anderen Menschen, nur einfach reden. Aber ich konnte nur rumsitzen, nicht mal ordentlich duschen – keine Seife, kein Handtuch, alles noch unter

Verschluss. Genauso meine kuschelige Decke, das Foto, das mich tröstete, einfach alles ...

Damit die Knochen nicht gänzlich einrosteten, bin ich durch die Schlafräume oben auf- und abgewandert. Aus einem Fenster sah man die Berge, großartige Abwechselung. Der Innenhof maß rund 7 x 10 Meter, war aber staubig wie ein Ascheplatz. Hier fielen mir die Kameras auf, später auch im Essraum und über der Treppe. Die Schlafzimmer wurden nicht überwacht.

Wenn du so abgeschottet bist, kannst du deinen Gedanken nicht mehr entfliehen. Da peinigte sie mich wieder, diese Frage ohne Antwort: ‚Warum muss mir so was passieren? Du hattest dich doch gerade in der Tellermaler-Gruppe eingelebt, ja sogar aufs Überleben eingestellt, und nun werfen sie dich in dieses kalte Loch!‘ Zugegeben, dieser Neubau war erst mal ein Fortschritt und sicher menschlicher geplant, aber ich betrachtete meine neue Behausung eher als Rohbau, als Drecksbude.

Fünf Tage war ich wie abgeschnitten von der Welt, döste vor mich hin, stand oft nur zum Zählappell auf. Zählen, wenn sowieso nur einer drin ist! Das Essen schlang ich lustlos runter, von einem fettigen Teller. Weil beinahe jedes Gericht mit Öl gekocht oder gebraten wurde und ich kein Spülmittel besaß, verfettete der Teller mit jedem Tag mehr.

Immerhin, die Wärter versorgten mich mit einem Besen, einem Bottich Wasser und Reinigungsmittel. Mich packte der Putzfimmel, ich schrubbte wild drauf los. Am dritten Tag wurde sogar ein Fernsehgerät geliefert, ein kleines. Es thronte auf einem Brett, ungefähr 50 cm unter der Decke. Genau in den Bildschirm hinein leuchtete eine Neonröhre. Man konnte kaum was erkennen. Der helle Streifen spiegelte sich, schmerzte in den Augen. Ich stellte den Fernseher auf einen Tisch, da störte das Neonlicht weniger.

Abends beim letzten Zählen gab es Stress, weil das Gerät nicht auf dem angewiesenen Platz stand. Die Wärter waren aufgeregt und drohten: „Sofort wieder zurück, sonst nehmen wir's mit!" Also wieder hoch unter die Decke.

Den nächsten Zoff hatte ich wegen der Fenster in meinem Schlafraum. Die Rahmen waren aus Metall, das Fenster machte man mit einem Haken an einer Öse fest, wie früher bei uns im Keller. Bei mir klaffte ein Spalt, durch den der jetzt schon sehr frostige Wind pfiff. Ich dichtete das mit einer Decke aus meinem Besitz ab. Dazu holte ich den Fernseher in den Schlafraum, denn die Schlafzimmer waren tatsächlich mit TV-Dosen versehen. Die Wärter entdeckten diesen Ungehorsam blitzschnell und schnauzten mich an: „Gerät nach unten, Decke aus dem Fensterrahmen!" „Warum?" „Vorschriften!" Das bedeutete für mich: Kaltes Zimmer, Fernsehen mit Neonröhre.

Ich hatte schon bemerkt, dass meine Augen schlechter geworden waren. Wahrscheinlich, weil ich zu lange im Dämmerlicht hatte lesen müssen. Die Brille jedoch, ohne die ich nur noch verschwommen sehe, die habe ich mir eindeutig beim Neon-TV geholt, das sich in meine Augen gebrannt hat. Inzwischen wurde es für mich auch sehr kalt in der Zelle. Zum Glück bekam ich zwei Decken, leider sehr kratzig, eine Qual bei meiner Haut.

Immer noch keine Nachricht von meinen Eltern, immer noch Schulterzucken. Telefon – funktioniert nicht! Fax – gibt es nicht für Häftlinge! Nach fünf Tagen war wenigstens der Mann vom Konsulat zu mir vorgedrungen. Ich war nervös, der nächste Prozess rückte näher. Und ich durfte mich nicht mal mit einer Zigarette beruhigen, denn in dieser Anstalt war Rauchen für Insassen unter 18 Jahren verboten. Auch das noch!

Jetzt sehnte ich den sechsten Prozesstag herbei, war – welch ein Wunschtraum – plötzlich überzeugt, dass die Richter diesmal ein Einsehen haben würden. Ich ahnte ja nicht, dass sich die Fronten in den letzten Wochen so verhärtet hatten. Der Vorsitzende Richter hatte während der letzten Sitzung angedeutet, dass eine höhere Strafe drohe, wenn Carolina durch Vergewaltigung, versuchte Vergewaltigung oder unerlaubten Sex „schwere seelische Schäden" erlitten habe. Wie schwer, müsse man mit einem neuen Gutachten klären. Dadurch hatte er sich den Befangenheitsantrag meiner Anwälte eingefangen, über den eine Beschwerdekammer entscheiden musste.

Der Richter wollte dem wohl zuvorkommen. Er bat selbst darum, dass man ihn ablöse. Der Druck sei zu groß geworden, er fühle sich nicht mehr wohl. Doch die Beschwerdekammer schmetterte erst den Antrag wegen Befangenheit ab und verdonnerte den Richter dazu, dass Verfahren weiterzuführen. Alles beim Alten, alles gegen mich.

So war es auch, außer dass die Polizisten mich in der Zelle parkten, in der sonst die Frauen warten mussten. Wenigstens war man hier vor ihren Scherzen sicher. Beim letzten Mal hatten sie mich zu Jugendlichen gesteckt, die mich dauernd genervt hatten: „Du bist doch der Deutsche, der …" Die Gitter hatten kein Schloss, eine Tür war mit Handschellen zugesperrt. Ein Polizist erschreckte die Jugendlichen: „Die Schlüssel für die Handschellen sind weg." Er zog seine Pistole und tat zweimal so, als wolle er die Handschellen aufschießen. Wir versuchten, uns möglichst weit bis an die gegenüberliegende Wand zu verdrücken.

Im Gerichtssaal begann das übliche Palaver zwischen Richtern und Verteidigern. Ich spürte bald: Das wird heute wieder nichts!

Am spannendsten fand ich, dass sich der Staatsanwalt in seinen hohen Ledersessel zurücklehnte und einschlief. Das störte jedoch niemanden, zumal die beiden beisitzenden Richter sich immer wieder Akten vorlegen ließen, die offensichtlich nichts mit mir zu tun hatten, sie studierten und unterschrieben. Der Vorsitzende Richter hörte dagegen aufmerksam zu, verkündete aber, was wohl schon vorher beschlossen war: „Vertagt auf 14. Dezember!" Das fasst du nicht, das ist wie ein absurdes Theater, was sollte dieser ganze Quatsch? Nach ein paar Minuten fällt denen ein, dass zum x-ten Mal ein Papier fehlt? In solchen Momenten siehst du dich noch Jahre in diesem Saal auftreten, dann schon mit langen Haaren und langen Bart und du verstehst nur noch das eine Wort: Vertagt! Vertagt! Vertagt in alle Ewigkeit!

Zurück in meine einsame Zelle. Ich legte mich aufs Bett, nichts sehen, nichts hören, nichts denken – und sackte einfach weg. Gemurmel weckte mich. Ich erblickte Nafiz und eine Schar Wärter. Der Turkmene hatte mit einem Hungerstreik durchgesetzt, dass er aus der Ausländerzelle geholt und in eine der leeren Zellen einquartiert wurde. Weil das Konsulat und meine Eltern mehrmals darum gebeten hatten, dass man diesen Nafiz zu mir verlegte, hatte der Direktor zugestimmt.

Ich war bereits ein bisschen besser ausgestattet, kochte einen Tee. Wie das so ist, wenn man lange Tage zum Schweigen verurteilt war – wir hatten uns viel zu erzählen. Und ich konnte endlich wieder rauchen, weil Nafiz als Erwachsener Zigaretten kaufen durfte. Meine Eltern zahlten dafür auf seinem Konto ein. Ich bekam meine Bücher wieder, bestellte für meinen Freund ein Wörterbuch Türkisch-Englisch. Nafiz brachte mir Türkisch bei, ich ihm Deutsch, und wenn gar nichts half, unterhielten wir uns auf Englisch. Die Zeit verging wieder viel schneller.

Mein Kleiner Prinz!
Wir denken an Dich u. hoffen, dass wir
dich bald wieder bei uns haben!
Wir haben dich sehr lieb!
                    dein Papa u. deine Mama

Mama und Papa wussten immer wieder, wie sie mir helfen konnten: In unendlich vielen Faxen sandten sie mir ihre Liebe.

Ich konnte auch wieder mit Mama und Papa telefonieren und sie beim geschlossenen Besuch begrüßen. Faxe zu senden, war nicht möglich. Mutter schrieb jeden Tag Briefe, aber die erreichten mich Wochen verspätet im Zehnerpack. Alle waren geöffnet und durchforstet. Das braucht in der Türkei Zeit.

Inzwischen kam ich mit diesem Geduldsspiel besser zurecht. Nafiz und ich deckten uns aus dem Gefängnisladen mit mehreren Bottichen für Wasser, neuen Besen und Waschmitteln ein. Einen ganzen Tag putzten wir die Zelle wie die Verrückten und führten auch Waschtage ein. Im türkischen Knast kannte man keine Wäscherei, man musste sogar die Bettlaken in einer kleinen Wanne säubern. Zum Trocknen hing man alles über die Stühle oder das Geländer der Treppe. Wäscheleinen waren verboten, man könnte sich ja damit aufhängen.

Mit Nafiz war das Leben entschieden leichter geworden, aber noch schwer genug. Mir fehlte der Sport, und zu zweit über den Hof zu rennen, ist langweilig. Meistens legten wir uns bis mittags auf die Betten und erhoben uns erst zum Essen. Ich merkte, dass meine Kraft schwand. Die innere Kraft auch. Es war kalt. Abends beim Fernsehen mummelten wir uns in Decken ein, ich verpackte meine Füße in zwei Paar Socken.

Die Kälte war zu ertragen, das Heimweh, die Sehnsucht nach Freiheit und das Chaos im Gefängnis nicht: Bei einem Besuch wartete meine Mutter eine Dreiviertelstunde im Besuchsraum, bis sich ein Wärter daran erinnerte, dass ich dran war. Die Zellentüren waren so dick, dass man auf dem Gang nichts hörte, auch wenn ich klopfte. Deshalb waren drinnen Notklingeln. Aber weil zu viele Häftlinge geschellt hatten, waren die Klingeln wieder abgestellt worden. Man hätte eine Nacht halbtot liegen können, es wäre erst am Morgen beim Zählen aufgefallen. Jeder Besuch war für meine Eltern mit stundenlangem Warten und dem Durchlaufen vieler Kontrollen verbunden. Diese Dreiviertelstunde im Besuchsraum ging von unserer Besuchszeit ab, die ohnehin insgesamt höchstens eine Stunde dauerte. So blieben uns nur 15 Minuten.

In Deutschland dagegen war vielen Menschen etwas aufgefallen. Marco W. aus Uelzen war zum öffentlichen Thema geworden. Und damit er das blieb, hatten sich Hunderte zusammengeschlossen, um an mich zu erinnern, zum Beispiel mit einer Mahnwache am Brandenburger Tor in Berlin. TV-Sender und Zeitungen brachten große Berichte. Die nächste Prozessrunde war eingeläutet worden.

Mahnwache vor dem Brandenburger Tor in Berlin am 17.11.07

Ein Mensch will leben

Es war nichts geplant, nichts gesteuert, nur guter Wille, ehrliches Mitgefühl und stille Wut. Doch es reichte dafür, dass sich nach und nach zehntausende Menschen in Deutschland für mich einsetzten und Geld gaben und sammelten. Wie so was geschieht? Es begann damit, dass mein Bruder und Freunde von mir – die meisten aus dem Technischen Hilfswerk/THW, in dem wir in unserer Freizeit üben und dann bei schwierigen Einsätzen auch von der Feuerwehr gerufen werden – wussten, dass meine Eltern kaum noch Geld für Flüge in die Türkei und die Zimmer dort hatten. Wir besitzen ein altes Haus, haben gut zu essen, aber wir sind nicht reich. Jeden Monat tausende Euro für Reisen, Anwälte und Gutachten konnten wir uns auf Dauer wirklich nicht leisten. Meine Eltern hätten ihr letztes Hemd für mich verpfändet.

Die Freunde fragten sich: 'Wie können wir die Familie Weiss unterstützen?' Ihre Idee: Ein Aufruf im Internet auf der THW-Seite. Unser Lokalblatt, *Allgemeine Zeitung Uelzen* druckte einen Artikel, so kam alles ins Rollen. Frank war einer der ersten, der ein Forum im Internet startete. Später schrieb er: „Mit den Bildern des verhassten blau-roten Gefängnisbusses, der Marco zurückbrachte in eine Fremde, unwirkliche Welt, waren immer mehr Menschen bereit, sich aufzulehnen, ihre Stimme zu erheben!"

Jeder tat etwas auf seine Weise: Ein Friseur in Uelzen schnitt auf dem Stadtfest Haare, der Lohn landete in der Spendenkasse. In meiner Schule, der Sternschule, spielten die jüngeren Klassen vor 400 Zuschauern das Theaterstück *Ritter Rost*, das Eintrittsgeld wurde „für Marco" überreicht. Mädchen liefen sich in Dortmund die Füße wund, um Geschäftsleute davon zu überzeugen, in ihre Schaufenster Plakate zu hängen, auf denen eine „Mahnwache für Marco" angekündigt wurde. Alexandra, eine Holländerin, die jetzt in Nizza lebt, flog eigens zur Mahnwache nach Frankfurt. Überwältigend!

Joanna, eine Polin aus Hannover, versüßte mir einen Tag mit diesem Schreiben: „Du bist so ein toller Mensch und so ein schönes Lächeln hast du. Und noch schönere Augen! Genau mein (Sohn) Jol. Ich bin bei dir!"

Es gab plötzlich *Marco-T-Shirts*, *Free Marco-Aufkleber* und *Marco-Songs*, als sei ich ein Superstar. Besonders gefiel mir der von Bettina Weber-Kesting, die sich so vorstellte: „Musik ist zwar Geschmackssache, aber sie könne Kraft verleihen." Stimmt, das Lied brachte mich zum Lächeln:

Hast das Denken ausgeschaltet –
du stellst keine Fragen mehr
hast bis hierher ausgehalten
und dein Blick ist starr und leer –

Nur den Schmerz, den kannst du fühlen,
deine Ohnmacht, deine Angst –
lebst von heute nur zum Morgen,
weil du nicht anders kannst.

Jeder Strohhalm ist zerbrechlich –
tanzt bewegt auf dünnem Eis
ganz mechanisch und bedächtig,
weil du um die Risse weißt.

Du musst tanzen – weitertanzen –
auch wenn du dich nicht mehr spürst
weil du dich – wenn du aufgibst –
ins Unendliche verlierst.

Du musst träumen – weiterträumen –
und der Glaube an dich
wird dich führen und dich stärken –
und er gibt dir Zuversicht.

Du hast gelernt zu schweigen
weil's kein Wort mehr dafür gibt
zu beschreiben wie die Sehnsucht
die Verzweiflung besiegt.

Und – doch wenn du ganz still bist
kannst du spüren, dass da etwas ist,
das will schreien, das will leben,
das will, dass du nicht vergisst.

Jeder Strohhalm ist zerbrechlich –
tanzt bewegt auf dünnem Eis
ganz mechanisch und bedächtig
weil du um die Risse weißt.

Du musst fühlen – weiterfühlen
so lang noch Wärme in dir ist
lass' das Licht nicht ausgeh'n
weil du sonst verloren bist.

Du musst glauben – weiterglauben –
dass dich irgendjemand hört
lass' nicht zu – dass die Kälte
deinen Mut und Stolz zerstört.

Lass' den Zweifeln nicht die Führung,
lass' die Wut nicht Taktstock sein –
lass' noch Hoffnung in dein Herz,
denn du tanzt nicht mehr allein.

Lieber Marco,

meine Güte - du bist mir schon so vertraut. Weißt du - es ist schon wirklich sehr verrückt - aber es vergeht wirklich nicht ein Tag, an dem ich nicht an dich denke. Ich bin 44 Jahre alt, Mutter von drei Kindern (13,15 und 19) , eigentlich ziemlich chaotisch und mitunter sehr leidenschaftlich - je nachdem, was mich gerade bewegt. Wir haben übrigens eine Hündin, die sehr schön ist, aber genauso verrückt wie ich.

Ich habe dieses Lied für dich und deine Familie geschrieben. Es war ehrlich ganz verrückt, denn ich bin keine Profi-Sängerin oder so. Ich singe in einer normalen aber recht guten Coverband, mein Mann hat ein eigenes Studio - naja!

Als man mich fragte, ob ich mir vorstellen könnte, ein Lied für dich zu machen, hab ich erst ganz schön Bauchschmerzen gehabt.
Meine Überlegung war: kann ich das überhaupt? Und dann noch in deutsch - ohne das es kitschig oder schlagerartig ist - oh weh.
Aber es ging so irre schnell.
Ich hatte die Mail mit der Anfrage bekommen und hab einfach hier gesessen - im Schlafanzug - einen ganzen Samstag lang und hab dann meine Gedanken einfach kommen lassen. Abends sass ich noch immer im Schlafanzug - aber irgendwann stand es dann hier auf dem Papier.
Ob du dich in dem Text wiederfindest, das weiß ich nicht, lieber Marco.
Ich habe versucht, zu fühlen, was du vielleicht empfinden könntest. Und - by the way - es ist nun kein Rap oder so geworden. Sorry;-))
Aus eigener Erfahrung weiß ich aber, dass in Musik viel Kraft liegt.
Ich habe auch mal in einem ziemlich tiefen Loch gehockt und wenn ich in dieser Zeit die Musik nicht gehabt hätte, wäre ich vielleicht nicht wieder herausgeklettert.

Und dieses Gefühl hatte ich bei der Melodie. Ich freue mich sehr, wenn dieses Lied dich erreicht.
Es war mir eine ganz ganz große Ehre, dass für dich und deine Eltern zu machen - denn ich ziehe meinen Hut vor euch.

Und wer weiß - vielleicht lernt man sich sogar mal kennen.
Ich habe durch das Forum deines Bruders nun so viele Menschen zumindest per Mail kennengelernt - das ist eine besondere Erfahrung, die mich bereichert.

Für den Moment fühl dich gedrückt von jemand, der dich nicht persönlich kennt, aber in jedem Fall bei dir ist.

Von ganzem Herzen

Bettina

Mahnwache vor dem Brandenburger Tor in Berlin am 17.11.07

Zwei Rapper stellten auch Songs ins Netz. Bei einem reimte sich „Türkei" auf „Frei", bei dem anderen auf „Schweinerei". Das eine war ein Wunsch, das andere die Wirklichkeit.

Am eindrucksvollsten waren die Mahnwachen. Mama konnte mir davon immer mehr erzählen. Die Fotos sah ich erst nach der Heimkehr. Mit Spruchbändern „Ein Mensch will leben" oder „Marco bleib stark" stellten sich Hunderte in München, Hamburg, Frankfurt und Dortmund auf die Plätze. In Berlin zogen rund 500 mit Fackeln durch das Brandenburger Tor. Auf ihren Transparenten war gedruckt: *Wir fordern die Wahrung der Menschenrechte! Marco W., 17 Jahre, seit April 2007 in türkischer Untersuchungshaft.*

Mein Bruder Sascha organisierte Mahnwachen und vieles mehr, um mir zu helfen.

Mein Bruder Sascha, drei Jahre älter als ich, meine Mutter und mein Vater schrieben, telefonierten, faxten und trafen sich mit vielen Unterstützern. So entwickelte sich ein Gemeinschaftsgefühl, das bis heute hält. Geteiltes Leid ist nicht halbes Leid, wie es die Redensart verspricht. Aber es ist gelindertes Leid. Sascha hielt Kontakt zu den Marco-Gruppen, die sich in Deutschland gebildet hatten, fuhr zu fast jeder Mahnwache und jedem Gedenkgottesdienst. Ich entdeckte meinen Bruder neu. Als Kinder hatten wir oft gestritten und waren später unsere eigenen Wege gegangen. Die Familie war die gesamten acht Monate in das Unternehmen „Rettet Marco" eingespannt. Sie schliefen genauso wenig wie ich.

Viele Menschen entzündeten Kerzen und beteten für mich.

Im Dom zu Magdeburg und in Leipzig versammelten sich Hunderte zur Fürbitte. Wolf von Nordheim, der Probst im Kirchenkreis Uelzen, registrierte bei seinen Reisen „große Anteilnahme" und „ständige Großaufmerksamkeit" für mein Schicksal. Mein Bruder hatte zum ersten Prozesstag Kerzen vor der St. Petri-Kirche, unserer Gemeindekirche aufgestellt. Der Pfarrer unserer Heimat-Gemeinde St. Petri, Michael Dierßen, entschloss sich zu einem ungewöhnlichen Schritt. Die Türen der Kirche, die sonst nur zu Gottesdiensten und Andachten geöffnet wurden, standen nun den ganzen Tag offen. In Absprache mit Pastor Dierßen durfte mein Bruder eine Gebets- und Kerzenecke in der Kirche einrichten und

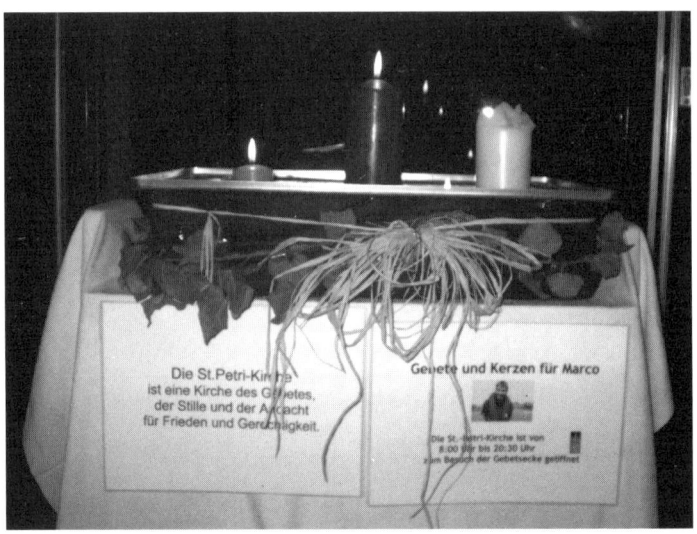

In der St. Petri-Kirche, Uelzen

dort ein Buch auslegen, welches er extra anfertigte. Es enthielt ein Foto von mir, und Besucher konnten ihre guten Wünsche oder Gebete eintragen. Die Monate über brannten dort auch Kerzen für mich. Jeden Mittwoch fand eine Andacht für Marco statt.

Die evangelische Bischöfin Dr. Margot Käßmann predigte beim Adventskalender 2007 einfühlsam: *Wenn wir auf dieses Jahr zurückblicken, dann hätten wir uns manches Mal einen Engel gewünscht und einen Engel für Marco hier aus Uelzen, der ihn begleitet im Gefängnis in der Türkei, der ihm zuflüstert: Fürchte dich nicht! Einen Engel auch für seine Familie, damit sie die Hoffnung nicht aufgibt!*

Gut fürs Gemüt war auch die Fürsorge der Fachoberschule für Technik, die ich seit dem Sommer besuchen wollte. Rektor Horst Ahrens und seine Lehrer gaben Mama die Lehrbücher mit, damit ich mich im Gefängnis schon mit dem Unterrichtsstoff befassen konnte. Alle hofften, dass ich bald wieder im Klassenzimmer sitzen würde. „Jeder Lehrer wird ihm zur Seite stehen, so dass er in das laufende Schuljahr einsteigen kann", versicherte der Rektor. Toll war, dass der große Elektronikmarkt, in dem ich ein Praktikum hatte beginnen sollen, weiter auf mich wartete. „Deinen Platz haben wir nicht anderweitig besetzt", ließ Teamleiter Herr Köllner mir ausrichten. Er lobte mich in aller Öffentlichkeit: „Ein stattlicher junger Mann, aufgeschlossen, sympathisch, nicht gehemmt, sehr motiviert. Einer der besten Bewerber, die ich je gesehen habe." Das lief runter wie Öl. Denn, egal wann ich zurückkehren würde: „Marco hat seinen Platz bei uns sicher." Im November flog die BILD-Zeitung 18.900 Petitionen, also Bittbriefe, ihrer Leser in die Türkei und lud sie vor dem Gerichtsgebäude in Antalya ab. Sie forderten: *Lasst Marco frei!* In manchen war auch Schelte für den Richter zu lesen: *Marco ist die Geisel der türkischen Justiz.*

Ich hatte davon erfahren und war ganz unsicher: Wenn der Richter solche Aktionen als „Einmischung" wertete oder gar gekränkt war, dann hatte ich schlechte Karten. Daneben meldeten sich aus Deutschland sehr vernünftige, mit der Türkei vertraute Stimmen. Der grüne Europaabgeordnete Cem Özdemir kritisierte, dass ich nicht schon bestraft werden durfte, bevor ich verurteilt war: *Die Länge der Untersuchungshaft ist nicht mehr angemessen. Dieser Punkt ist längst überschritten.* Reiseunternehmer Vural Öger sorgte sich um das Bild der Türkei: *Es gibt genügend Vorurteile. Man muss sie nicht zusätzlich nähren. Marco hat genug gelitten. Es reicht. Ab nach Hause.*

Es wurde Dezember, am 14.12. wollte das Gericht wieder über mich befinden. Die Anwälte hielten sich mit Vorhersagen zurück:

Das Gericht sei schwer einzuschätzen, außerdem müsse man mit neuen Angriffen von Carolinas Anwalt rechnen. Der hatte angeblich schon verlauten lassen, er wolle 15 Jahre Haft für mich fordern. Mein Vater kündigte mir bei unserem letzten Treffen vor dieser Verhandlung an: „Du bekommst noch einen Besuch."

So blöd das wieder klingen mag: Ich machte mir Sorgen um Nafiz. Wenn ich wirklich freikäme, dann säße er allein in der Zelle, ohne Geld, weil er aus Turkmenistan nichts erhielt. Ich kaufte Wasser, Tee, Toilettenartikel usw. auf Vorrat und bat meine Eltern, soviel wie möglich auf sein Konto einzuzahlen. Zigaretten hatten wir seit Wochen gehortet. Nafiz war wichtig für mich. Einfach nur, weil er da war.

Diesmal hatte ich das sichere Gefühl: ‚Deine Tage hier drinnen sind gezählt!' Warum, kann ich nicht begründen. Die Zweifel drangen nicht mehr vor bis in mein Gehirn. Am Tag vor dem Prozess wurde ich aus der Zelle geholt: „Du hast ein Gespräch!" Ein schlanker Herr in feinem Anzug gab mir die Hand. Heute weiß ich, dass Vural Öger als Student vor 40 Jahren nach Hamburg kam und bald für andere Studenten und seine Landsleute billige Flüge in die Heimat organisierte. Daraus entstand das siebtgrößte deutsche Reiseunternehmen, besonders stark natürlich im Tourismusgeschäft mit der Türkei. Ein Mann mit hohem Ansehen in der Türkei. Mein Vater hatte ihn angerufen und gefragt, ob er uns helfen könne.

Als ich Herrn Öger meine Geschichte erzählte, war er entsetzt: „Das kann doch gar nicht sein." Zum Abschied versprach er: „Ich kümmere mich um deinen Fall. Wir werden sehen, was sich machen lässt." War es dafür nicht ein bisschen spät? Ja, wir würden sehen, schon morgen früh.

Ich wurde um 9 Uhr im Justizgebäude abgeliefert, dann begann eine elende Warterei. 10 Uhr, 11 Uhr, 12 Uhr, Mittagspause. 13 Uhr. Das war schlecht, wusste ich. Denn am Nachmittag zeigten die Richter immer weniger Lust, sich in einen Fall hineinzuknien. Sie wollten Feierabend machen. Meine Stimmung schlug um: ‚Die vertagen wieder, das Pech verfolgt mich. Nicht zu Weihnachten zu Hause!' Das hatte ich mir so schön heimelig vorgestellt: Meine Familie unterm Tannenbaum, Kerzen, Lebkuchenduft, Kartoffelsalat, was eben so dazu gehört.

14 Uhr, 15 Uhr, Hunger, nichts gegessen. Endlich riefen sie mich auf. Ich erlaubte mir noch einen Blick zu meinem Vater, bevor der Richter wieder die ganze Litanei verlas. Danach sprachen meine Anwälte, der Richter, Carolinas Anwalt, es ging hin und her. Worum? Die Gesichter meiner Verteidiger kamen mir anders vor: Entspannter, nicht so zornig wie sonst. Bedeutete das was? Der Richter schickte alle raus. Ich war total aufgeregt. Nach zehn Minuten wurden die Türen wieder geöffnet. Würde es wieder so eine Enttäuschung wie die letzten Male? Hier muss man auf alles vorbereitet sein.

Meine Mutter war dieses Mal daheimgeblieben. Nach den Vorgesprächen mit den Anwälten hatte sie nicht mehr auf ein Einlenken des Gerichtes gehofft. Sie wollte ihre wenigen freien Tage für Weihnachten aufsparen, mit einem Weihnachtsbaum mit Kugeln draußen vor dem Gericht demonstrieren und mir gleichzeitig ein wenig Heimatgefühl vermitteln.

Aber war das wahr? Meine Anwälte lächelten. Ich verstand nicht, worüber jetzt geredet wurde, aber es musste etwas Gutes sein. Einer der Anwälte nickte zu meinem Vater rüber. Man, das war ein lang ersehntes Zeichen. Der Richter schaute zur Dolmetscherin, die übersetzte: „Du bist frei! Alles andere sagen dir deine Anwälte!"

FREI! Ich hätte am liebsten losgejubelt, aber ich heulte nur.

Ich bin frei!

Wahrscheinlich hatte jeder im Gerichtssaal erwartet, dass ich vor Freude in die Luft springen würde. Aber für mich war das erste Gefühl, ich hatte mich durch einen Berg von Schutt und Asche ans Tageslicht gewühlt. Erleichterung, noch mal davongekommen zu sein, deshalb heulte ich wie einer, den man gerade gerettet hat. Ich wollte meinen Vater in die Arme schließen, aber die Polizisten hielten mich zurück. Zuerst zurück ins Gefängnis, so sind die Vorschriften. Mein Vater weinte auch, rang nach Worten, brachte nur ein „Jetzt hast du es geschafft!" heraus.

Ja, geschafft. Aber wann würden sie mich rauslassen? Manchmal hatten Häftlinge noch Tage warten müssen, bis man sie entlassen hatte. Ich ging den – leider zu vertrauten – Weg die Treppe runter, vorbei an den Zellen und sagte mir: Hier musst du nie wieder hinein! Die Polizisten drückten mir die Hand, schlugen mir auf die Schulter: „Glückwunsch, Marco, super." Sie waren wie ausgewechselt.

Es war schon dunkel, als ich im Transporter aus dem Justizgebäude fuhr. Da war ein Aufstand. Zuerst dachte ich: ‚Die veranstalten ein Feuerwerk!', aber dann waren es doch nur die Blitzlichter. Die müssen das Auto noch tausendmal von hinten fotografiert haben. Der Bus war taghell erleuchtet. Ich blieb brav unten hocken, jetzt wollte ich es mir nicht mehr mit meinen Bewachern verderben. Zumal die Reporter in ihre Autos hetzten und uns verfolgten. Die *Jandarma* waren vorbereitet: Ein Polizeiwagen mit Blaulicht setzte sich vor uns, einer deckte nach hinten ab.

Im Gefängnis empfingen mich ein gutes Dutzend Wärter. Die hatten gesehen, dass die Reporterscharen draußen noch aufgeregter waren als sonst. Sie schlossen daraus: Es hat geklappt. „Darfst du jetzt nach Hause?" Sie schienen alle erfreut. Ob das ein echtes Interesse oder nur ein kleines Spektakel im öden Alltag war, kann ich nicht beurteilen.

Nun stand der schwere Abschied von Nafiz bevor. Er brach auch in Tränen aus, raffte sich dennoch zu einem Scherz auf: „Schade, dass du keinen Koffer mitnehmen kannst!" Ein paar Wochen zuvor hatten wir in einer Zeitschrift gelesen, dass eine Frau in einen Koffer gekrochen war, den Helfer später aus dem Gefängnis geschmuggelt hatten. Für Nafiz hätte es ein Schrankkoffer sein müssen.

In der neuen Haftanstalt von Antalya war, wie so oft, an diesem Abend der Strom ausgefallen. Nafiz und ich paffen in der nachtschwarzen Zelle erst einige Zigaretten. Dann tastete ich mich zu meinem Schrank und klaubte meine Sachen zusammen. Das Licht flammte auf, nun konnte ich sortieren. Das meiste schenkte ich meinem turkmenischen Freund, nur einen Teil der Bücher verstaute ich in Plastikbeuteln. Vor allem diejenigen, mit denen ich für die Fachhochschule gelernt hatte. So konnte ich mich mit gutem Gewissen verabschieden. Wir versprachen, uns regelmäßig zu schreiben. Trotzdem tat es mir weh, Nafiz so zurückzulassen. Ich konnte nachempfinden, wie sich ein Zurückgelassener fühlt.

Die Wärter öffneten die Tür. Obwohl mich jeder kannte, ratterten sie Liste runter: Name? Alter? Geburtsort? Nationalität? Adresse? Damit sie ja keinen Falschen rausholten. Im Verwaltungstrakt händigten sie mir die Dinge aus, die ich beim Einzug hatte abgeben müssen. Zum Beispiel mein restliches Geld, ein Glücksschwein und eine dicke Decke. Nun war ich schwer bepackt. Ich unterschrieb, dass ich alles wiederbekommen hatte. Aber immer noch wusste ich nicht, was mit mir geplant war. Es hätte ja sein können, dass sie mich in Abschiebehaft stecken würden. „Nein", klärte mich einer der Wärter auf, „wir bringen dich erst ins Krankenhaus." Naja, noch mal Gefängnistransporter, auch das war ich ja gewöhnt.

Falsch. Da stand ein japanischer Geländewagen, hinten mit Ladefläche und Plane drüber. Die Polizisten sagten, ich solle meine Beutel darauf legen. Dann setzten sie mir eine *Jandarma*-Mütze auf und zogen mir eine Uniformjacke an – wegen der Journalisten. Ich flüchtete also verkleidet aus dem Gefängnis. Das war ein Witz, aber spannend.

So setzte ich mich zu meinen „Kollegen" auf die vordere Bank. Wir fuhren durch einen Seitenausgang, hinter dem Rücken der Kameraleute, die den Eingang belagerten. Da waren rund 25 Teams. Im Krankenhaus fragte mich der Arzt, ob ich Verletzungen hätte. Er sollte wohl ein Dokument ausfüllen und bestätigen, dass ich nicht misshandelt worden war. *Hayir, hayir, hayir* – nein und noch mal nein auf Türkisch. Ich brannte darauf, schnell wegzukommen. Jetzt gab es keine Zweifel mehr, dass ich frei war, dass ich meinen Papa bald in die Arme schließen würde.

Der begleitende Offizier telefonierte hektisch mit seinem Handy. Er verabredete mit dem Streifenwagen draußen, wie man mich durch die Reportermeute schmuggeln könnte. Plötzlich das Kommando: *Tschabuk, tschabuk*, schnell, schnell. Die Polizisten sprangen auf, alle in den Geländewagen. Ich wollte wissen: „Wohin?" „Wahrscheinlich zum Flughafen!" Flughafen! Mein Herz flatterte. Das würde heute noch was werden, raus aus der Türkei, nach Hause!

Es war inzwischen Mitternacht und es goss wie aus Kübeln. Im Terminal 2 fing uns ein Flughafenmanager ab und trieb uns an: „Bitte beeilt euch, bitte ducken!" Denn fast auf unseren Fersen rannten die ersten Fotografen, die hatten gelauert. Sie schossen die ersten Bilder von Marco W. in Freiheit.

Ich wurde in ein Büro geschleust. Die Uniformierten verschwanden. Zwei Männer in Zivil passten auf mich auf. Erst mal passierte gar nichts. Der Manager wartete auf neue Anweisungen. Die Tür ging auf, mein Vater und mein Anwalt Ahmet Ersoy stürmten herein. Es war ein unvergesslicher Augenblick. Ich drückte beide. Jetzt musste alles raus! Das Beklemmende, der Zweifel und die Verzweiflung!

In eine Linienmaschine wagte ich nicht zu steigen, weil viele Journalisten für sie gebucht hatten. Da hätte ich keine Sekunde Ruhe gehabt. Ich wäre pausenlos fotografiert worden, mein Vater wäre ausgerastet. Aber ich wollte so schnell wie möglich nach Hause, zumindest raus aus der Türkei, auf deutschen Boden. Was tun? Schnell entschieden wir uns für ein Angebot von RTL, uns abgeschirmt nach Deutschland auszufliegen – gegen ein Exklusiv-Interview.

Ich zappelte, ich konnte immer nur daran denken: ‚Bald verlässt du die Türkei und die schrecklichen Erlebnisse, nimmst Mama und Bruder in die Arme und hältst sie fest.' Beiläufig sagte mein Vater, dass noch ein paar Personen mitfliegen würden. Die deutschen Anwälte (die aber im Gericht in Antalya nicht zugelassen waren und sich mit ihren türkischen Kollegen nur außerhalb beraten hatten) und das Team von RTL, das ein Interview mit mir machen wollte.

Nun gut, dann sollten sie mich halt interviewen und filmen, aber bitte erst in der Luft. Mein Vater und ich kramten meine Habe aus den Plastiktüten und packten was passte in seinen Koffer.

In Deutschland hatten die Nachrichtenagenturen längst die Meldung „Marco W. aus türkischer Haft entlassen" herausgegeben. Die großen Zeitungen druckten die Berichte ihrer eigenen Reporter vor Ort. Im Fernsehen liefen die ersten Interviews mit meinen Verteidigern, auch mit Carolinas Anwalt, der sich „schwer enttäuscht" zeigte. Ein harter Knochen. In Uelzen riefen die Leute, die wieder Mahnwache gestanden hatten, immer wieder: „Marco ist frei! Marco ist frei! Marco ist frei!" Viele Menschen bildeten einen Autokorso, Hupkonzerte auf den Straßen, mein Bruder mittendrin, immer mehr Wagen schlossen sich an. In der St. Petri Kirche dankten die Menschen Gott, dass er Gnade hatte walten lassen. Der Kirchenchor versammelte sich spontan vor der Kirche und sang.

Kanzlerin Merkel sprach in die Mikrofone: „Ich freue mich sehr." Außenminister Steinmeyer bekannte, er sei „sehr erleichtert". Der Oberbürgermeister von Uelzen, Otto Lukat, sagte schon vorweihnachtlich: „Das ist eine gute Nachricht und ein gutes Gefühl zum dritten Advent." Ministerpräsident Wulff begrüßte, „dass Marco endlich zu uns nach Hause kommt. Die Haftverschonung war überfällig, denn die Dauer der Untersuchungshaft ist unverhältnismäßig."

Vural Öger wurde von den Redaktionen befragt, ob er im Hintergrund etwas gedreht habe. Öger antwortete, er wollte die Wogen glätten: „Ich habe nicht mit dem Gericht gesprochen, ich habe keinen Druck ausgeübt, denn das kann ich nicht. Ich wurde um Hilfe gebeten, ich habe Marco besucht, ich habe ein paar Leuten erzählt, was Weihnachten in Deutschland bedeutet und ich habe versucht bei der technischen Abwicklung der Ausreise behilflich zu sein. Das war's."

Ich meine, das war eine ganz Menge. In einem langen Telefonat bedankte ich mich nach der Rückkehr bei Herrn Öger.

Aus dem Büro am Flughafen rief ich meine Mutter an. Sie war aufgeregt: „Ich sehe dich morgen früh, ich kann es kaum erwarten!" Mein Vater und ich durften ohne Kontrolle aufs Vorfeld, ein Auto brachte uns zur Maschine, wir stiegen die Treppe hoch, setzten uns einander gegenüber in die Ledersessel, wir wollten uns nur anschauen und sprechen und immer wieder kneifen: War wirklich alles wahr? Einmal mussten wir grinsen, weil mein Papa – er ist so groß wie ich – trocken feststellte: „Elegant so ein Privatflieger. Jedenfalls für kleine Leute!“ Denn wir hatten Mühe, unsere langen Beine zu verstauen.

Der Pilot des zweistrahligen Jets, ein Türke, informierte uns in astreinem Deutsch: „Wir warten noch auf die anderen Passagiere. Dann entscheidet sich, wohin wir fliegen!“ Warum nicht nach Hannover, von dort ist es nur eine Stunde bis Uelzen? Aber so einfach ging das nicht. Wir wollten den Reporterscharen ja nicht in die Arme laufen. Ein kleines Team wäre ja noch zu verkraften gewesen. Mein Vater war noch geschockt davon, wie er vor dem Gericht in Antalya fast überrannt worden war. Davor wollte er sich, vor allem aber mich, schützen. So wurde unser Flugziel festgelegt: Nürnberg. Dort würde uns die Polizei gegen die Reportermengen abschirmen.

Nürnberg passte auch in die Pläne von RTL, das sich das Interview exklusiv gesichert hatte. Das war der Preis dafür, dass ich die Türkei ganz schnell verlassen konnte. Ein RTL-Moderator, sehr freundlich, stellte sich vor und stellte auch gleich die ersten Fragen. Aber ich lauschte mit einem Ohr ins Cockpit, wann der Pilot die Maschine starten würde.

Der Kapitän meldete seinen Flug im Tower an. Wir rollten gerade zur Startbahn, als bei einem der Medienmenschen das Handy klingelte: Andere Journalisten hatten auch schon recherchiert, dass die Maschine in Nürnberg landen sollte. Da musste wohl irgendeiner geplaudert haben. Das hieß: In dreieinhalb Stunden würde uns jetzt vielleicht doch ein großes Presseaufgebot erwarten.

Ich schaute aus dem Fenster, die RTL-Leute filmten mich, meine Gedanken flogen voraus: ‚Gleich heben wir ab, in diese grenzenlose Freiheit da oben, die so oft besungen wird.' Ich fühlte mich tatsächlich auf einem Höhenflug. Die Sektflaschen wurden geöffnet, wir stießen auf das Ende eines langen Leidensweges an, ich allerdings nur mit Cola. Schon ein Tropfen Alkohol hätte mich entweder schlafen geschickt oder in einen lallenden Marco verwandelt. Es war auch so überwältigend, ein himmlisches Gefühl.

Nach etwa einer halben Stunde schaltete der Pilot das Bordmikrofon an: „Wir verlassen soeben den türkischen Luftraum!" Nun, Gott sei Dank, war ich alle Fesseln los.

Ich war wieder der Mensch Marco Weiss, nicht mehr der Häftling Marco W..

Ich brauche Ruhe, Wärme, Geborgenheit

Die dreieinhalb Stunden von Antalya nach Nürnberg vergingen wirklich wie im Flug. Ich hatte einen regelrechten Adrenalinstoß. Wir lachten, rissen Witze über den Knast, das Essen, die stinkenden Männer. Die Leute von RTL wunderten sich: „Wie schaffst du das, nach acht Monaten in der Zelle?" Vielleicht kann das nur einer verstehen, der gerade die Fußball-WM oder Gold bei Olympia gewonnen hat. Du badest im Glück, alles andere hast du abgestreift wie ein altes Hemd.

Die nächste Ansage aus dem Cockpit: „Wir haben den deutschen Luftraum erreicht." Die Heimat, solange vermisst, wahrscheinlich wäre ich sogar mit dem Fallschirm abgesprungen, um diesen Boden wieder zu berühren. Jetzt konnte mir nichts mehr passieren! Zwar wusste ich, dass die Staatsanwaltschaft Lüneburg einen Vorgang mit Aktenzeichen angelegt hatte, aber das müssen sie – sonst nichts.

Beim Anflug auf Nürnberg saß ich mit im Cockpit, auf der Stufe hinter dem Piloten. Die Lichter der Stadt und der Landebahn kamen näher. Ich bin sehr an Technik interessiert, fragte und fragte: „Welche Schalter sind das? In welchem Winkel sind die Landeklappen ausgefahren? Wie schnell sind wir noch? Mit wie viel Meter pro Sekunde sinken wir?" ‚Solch' ein Erlebnis hat nicht jeder', dachte ich. Was für ein überraschend schönes Ende meines Albtraumes in der Türkei!

Wie setzten behutsam auf, das Land hatte mich ganz sanft wieder aufgenommen. So empfand ich das jedenfalls.

Es war kurz nach 5 Uhr morgens, wir rollten langsam aus. Ich packte ein paar Tüten, mein Vater griff sich den Koffer. Einer aus der Medientruppe stieg aus, um die Lage zu peilen. Neben dem Flugzeug parkten schon ein Polizeiauto, eine Limousine mit abgedunkelten Scheiben und ein Großraumtaxi – wie bei richtig wichtigen Leuten. Einer der Polizisten wies mit der Hand nach oben auf das Gebäude: „Da stehen doch alle!" Alle, das waren dutzende von Reportern, Fotografen, Kameraleuten, Schaulustigen. Ich war richtig erschrocken.

Denn da war etwas schiefgelaufen. Es war ausgemacht worden, dass der Privatjet an eine abgelegene Stelle gelotst werden sollte und nicht genau vor die Aussichtsplattform. Also bat jemand den Piloten, sofort zu wenden, so dass wir wenigstens an der Seite hinaus konnten, gedeckt durch den Flugzeugrumpf. Der Pilot machte uns aber klar: Ohne Erlaubnis vom Tower durfte er die Triebwerke nicht anlassen. Außerdem müsse er bald wieder abheben. Dann sei sein *slot* - die Zeit für einen Start – abgelaufen, ein neuer *slot* koste viel Geld. Nach einigen weiteren Telefonaten und zermürbenden Minuten drehte die Maschine dann doch noch. So waren wir einigermaßen vor den Blicken geschützt.

Die Autos fuhren zur anderen Seite, wir rannten gebückt die Treppe hinunter, mein Vater und ich hinein auf die Rücksitze der Limousine. Ich sah mir diesen Rummel an, und kämpfte ein wenig mit mir: Sollte ich mich über so viel Interesse freuen oder sollte ich es eher als lästig werten? Hinter dem Polizeiauto brausten wir quer über das Rollfeld zu einer Tür im Zaun, der das Flughafengelände abriegelte. Kein Mensch da, die Reporter hatten diesen Notausgang übersehen. Schon waren wir draußen.

Nun war ich beinahe 24 Stunden auf den Beinen, aber hellwach. In einem deutschen Auto auf einer deutschen Straße, mein Papa neben mir und Mama bald im Arm – davon hatte ich so oft geträumt, dass ich gar nicht mehr daran geglaubt hatte. Wir bewegten uns Richtung Norden, hielten in einem fränkischen

Dorf. Am Straßenrand stand ein VW-Kastenwagen – eine Zivilstreife zur Sicherheit.

Das Hotel, das als Versteck ausgesucht worden war, lag verborgen mitten im Grünen. Zuallererst rief ich meine Mutter an: „Ich muss dich sehen!" Wir berieten, wie wir sie hierher bringen konnten. Denn unser Heim in Uelzen war belagert, in unserem Auto wäre sie niemals ungesehen losgekommen. Mama und mein Bruder Sascha schalteten die Bewegungsmelder rund ums Haus ab und schlichen sich in der Dunkelheit durch die Büsche auf unserem Grundstück zu einer anderen Straße. Dort passten sie einen telefonisch benachrichtigten Helfer ab. An einer Raststätte bei Hannover trafen sie sich mit einem weiteren Helfer, der einen Leihwagen gemietet hatte.

Eigentlich wollte ich auf Mama und Sascha warten, spielte mit den Kameraleuten Billard, immer noch völlig aufgedreht. In Nachrichtensendern lief das Schriftband: „Marco W. in Nürnberg gelandet, an einen unbekannten Ort gebracht." Dazu sah ich meine Ankunft, das Flugzeug in Scheinwerferlicht und Gestalten, die aus der Maschine huschten. Der lange mit der Kapuze auf dem Kopf war ich. Komischer Anblick, aber doch prickelnd. Ich verzog mich in das Appartement, auch zweistöckig wie meine letzten Unterkünfte. Ich saß unten auf dem Sofa. Oben schlief mein Vater schon. Irgendwann muss ich eingenickt sein. Ich wachte auf, als es hell war, um 9 Uhr.

Jetzt grummelte der Magen. Ein kräftiges deutsches Frühstück mit knackigen Brötchen, vielen Würstchen, Käse, Marmelade, Eiern und starkem Kaffee, welche Wonne. Meine erste Frage: „Wann ist Mama da?" Beglückende Auskunft: „Sie ist nicht mehr weit." Für die Nachrichtensendungen wurde ein Kurzinterview gedreht. Der wichtigste Satz: „Ich bedanke mich bei allen, die mir geholfen haben."

Unsere Familie endlich wieder glücklich vereint

Das Wiedersehen mit meiner Mutter sollte gefilmt werden. Ich trat vor den Hoteleingang. Mama fuhr vor, stieß die Tür auf und sprang schon heraus, als der Wagen noch rollte. Wir stürzten aufeinander zu, hielten uns in den Armen und an den Händen. Mama weinte. Eine Wolke von Gefühlen hüllte uns ein. Dann war mein Bruder an der Reihe, die Familie Weiss war wieder vereint. Nun wollten wir erst mal unter uns sein, bis zum Abendessen im Kaminzimmer des Restaurants. RTL hatte für den nächsten Morgen das große Interview angesetzt, deshalb gingen wir früh ins Bett. Endlich schlief ich wieder richtig, fast unbeschwert, losgelöst.

Wir frühstückten gemütlich, während rund um uns Kameras und die Lampen aufgebaut wurden. Später, wenn man eine solche Sendung anschaut, vermutet man gar nicht, welche Arbeit hinter den bewegten Bildern steckt. Allgemein war beschlossen worden, dass wir das Interview noch in diesem Landhotel geben und uns danach auf die Heimreise machen würden. Wir hatten in vielen TV-Berichten gesehen, dass man die Nummernschilder der Autos, mit denen wir hergefahren waren, erkennen konnte. Es war zu befürchten, dass ein Schlauer unseren Aufenthaltsort herausbekommen würde. Beim Interview, das Markus Lanz auch auf dem Weg vor dem Hotel mit mir führte, hat mich an meisten die Visagistin amüsiert. Die geplagte Frau lief immer mit der Puderquaste hinter mir her: „Da glänzt er noch! Und hier noch ein bisschen!"

Nach Uelzen zurück, leider unmöglich. Vor unserem Haus traten sich die Reporter immer noch auf die Füße. Unsere kleine Kolonne rückte abends ab, als es schon dunkel war. Ziel: Bremen, ein Hotel mitten in der Stadt. Aber auch hier wollte sich keine richtige Erholung einstellen, wir waren angespannt und immer noch nicht richtig frei. Leider musste auch noch mein Bruder nach Uelzen zurück wegen seiner Ausbildung.

Tagsüber wagte ich mich nicht auf die Straße, sah leider nichts von Bremen. Nur nachts spazierten wir durch den Park, in dem das Hotel liegt. Ein paar Mal ging ich auch auf den Balkon, um zu rauchen. Niemand entdeckte mich. Marco W. war auf rätselhafte Weise wie vom Erdboden verschwunden. Dem Festtrubel mit Klingeling und so hätte ich mir gerne mal angeschaut, aber dazu hätte ich mich als Weihnachtsmann verkleiden müssen. Wir kamen auch ohne gut zurecht: Spielekonsole, fernsehen, im Internet surfen, halbe Nächte reden, das feine Essen genießen.

Vom Knast in weiche Betten und Luxusbäder, vom Gefängnisfraß zu erlesenen Speisen – das musste ich erst mal begreifen.

Beim Fernsehen war meinen Eltern aufgefallen, dass ich immer näher an den Bildschirm heranrückte. Ich sah auch verschwommen, ich brauchte eine Brille. Ein Freund kannte einen vertrauenswürdigen Optiker in Hannover, der hielt seinen Laden offen. Bei Nacht und Nebel fuhren wir hin. Ergebnis: Ich, der ich die schärfsten Augen der Familie hatte, war kurzsichtig geworden. Das schummrige Licht in der Zelle und die sich im Fernseher spiegelnde Neonröhre hatten meine Augen beschädigt. Diese Erinncrungen an die Türkei trage ich jetzt auf der Nase.

Ich wollte Weihnachten zu Hause feiern. Deshalb machten wir uns am Freitag auf den Weg. Vater und Mutter voran in unserem eigenen Wagen, ich im Auto eines Bekannten hinterher.

Schon während meiner Zeit im Knast und erst recht seit meiner Freilassung fieberte ich einem Treffen mit meinen Freunden beim THW entgegen. Jetzt sah ich meine Chance gekommen: Ich überraschte meine Freunde vom THW, die sich so für meine Familie eingesetzt hatten. Die Jungs versammelten sich jeden Freitagabend, polierten den Lastwagen, die Pumpen oder andere Geräte. Und sie übten für die häufig schweren nationalen oder internationalen Einsätze. Danach gemütliches Beisammensein, gemeinsames Bierchen. Die staunten, als ich reinplatzte, „Hallo" sagte und mich einfach zu ihnen setzte. Ich musste nichts erzählen, niemandem etwas erklären. Sie nahmen mich sofort wieder in ihrer Mitte auf. Wie lange hatte ich diesen Augenblick herbeigesehnt. Aber es fühlte sich doch noch ein bisschen fremd an.

Hallo Marco, Selam Marco.

hier ist Deine Jugendgruppe, wir warten alle drauf das Du wieder bei uns bist!
Wir haben oft an Dich gedacht und drücken alle ganz fest die Daumen dass Du
da bald raus kommst. Bei uns ist hier fast alles beim Alten. Wir bauen immer
noch scheiße und bemühen uns Matze und Kai viel und oft zu nerven und zu
ärgern. Sonst kriegen die beiden Entzugserscheinungen, wo Du doch jetzt nicht
da bist um diese Rolle prima auszufüllen. Mittwochs sind wir jetzt gerade dabei
so ein kleines Frablo mit Matze nachzubauen und mit Kai fahren wir oft raus und
machen Leinenarbeit. Also wie Du siehst, der ganz normale Wahnsinn. So mehr
schreiben wir nu nicht, denn sonst ist kein Platz mehr für unsere Unterschriften.

Ganz, ganz, ganz viele Grüße.

Meine THW-Kumpel haben die ganze Zeit zu mir gehalten.

Mein Bruder hatte erkundet, dass Fotografen noch am Anfang und am Ende unserer Straße standen, denen wollten wir nicht in die Arme laufen. Von Kameras und Fragen hatten wir erst einmal genug, also lieber nichts riskieren. Der Bekannte nahm mich mit in seine Wohnung. Doch am nächsten Morgen hielt ich es nicht mehr aus, wollte nur noch heim. Die Journalisten, wohl ihr eigenes Weihnachten im Sinn, waren abgezogen. Ich drückte mich von hinten durch das Gartentor in unser Haus.

Meine Kameraden vom THW hatten große weiße Plastikplanen so zwischen Pfosten gespannt, dass sie die Fenster von Wohnzimmer und Küche verdeckten. Endlich, endlich, endlich war ich wieder in unseren vier Wänden. Wieder Umarmungen, ich streichelte unsere Katzen, ging in mein Zimmer. Nichts hatte sich verändert – außer dass Mama aufgeräumt hatte. Mein Bruder hatte schnell noch einen Weihnachtsbaum gekauft. Der Heilige Abend konnte kommen.

Für mich waren nun Dinge wichtig, die ich vorher gar nicht beachtet hatte. Wie ein Kind freute ich mich, als wir die Tanne mit Kugeln und Kerzen schmückten. Einen Moment schweiften meine Gedanken noch ab: ‚Hätte ich es ertragen, dieses Fest in der kalten und grauen Gefängniszelle in Antalya verbringen zu müssen?' Vorbei, überstanden, jetzt würde ich mich dem Weihnachtsbraten widmen. Geschenke brauchte ich keine: Die Freiheit war das allerschönste Geschenk für mich und die Familie.

Türklingel und Telefon hatten wir abgestellt. Niemand sollte uns stören.

Hey, du bist doch der …

Ich fühlte mich geborgen in meiner Familie, in unserem Haus, wie in einer wohligen Höhle. Nur zum Rauchen ging ich auf den Balkon, duckte mich hinter die Brüstung. Vereinzelt streiften doch noch Fotografen durch die Gegend, trotzdem dachten wir darüber nach: ‚Wenn ich ins alltägliche Leben zurückfinden wollte, musste ich mich auch wieder zeigen.' Davor hatte ich Angst, deshalb wollte ich es möglichst lange hinauszögern. Meine Eltern bereiteten mich mit diesen Sätzen vor: „Wir stehen in der Öffentlichkeit. Jeder Schritt von uns wird beobachtet. Daran wirst du dich in den nächsten Wochen gewöhnen müssen."

Man kann fragen, warum ich nicht ans Meer fuhr, stundenlang durch den Wald lief oder einen Schneeurlaub in den Bergen machte. Nach den acht Monaten auf wenigen Quadratmetern wäre es ja zu verstehen gewesen, dass ein junger Mensch die grenzenlose Freiheit auskosten möchte. Aber ich wollte nur bei denen sein, die mir so gefehlt hatten. Ein paar dicke Freunde kamen auch vorbei, saßen bei mir im Zimmer auf dem Sofa und quatschten, von der Schule, vom THW, und was sich in Uelzen getan hatte. Das war schön, das drängte die Ereignisse in der Türkei in den Hintergrund. Es ging Stück für Stück voran.

Silvester ging ich zum ersten Mal raus, zur Feier eines Kumpels vom THW. Einer der Freunde holte mich mit dem Auto ab. Ich trank mein erstes Bier nach der Haft und ließ mit den anderen die Böller zum neuen Jahr krachen. Es war eine reine Jungen-Party. Auf Mädchen hatte ich da noch keinen Bock. Neujahr schlief ich aus, aber am Tag darauf musste ich früh hoch. Mein Praktikum begann in dem Elektronik-Fachmarkt, dessen Chef mir diesen Platz die ganze Zeit frei gehalten hat. Dafür bin ich ihm noch immer sehr dankbar.

Meine Mutter fuhr mich hin. Ich kam in die Werkstatt, wo vier Männer arbeiteten. Der Teamchef stellte mich vor, wir gaben uns die Hand. Keiner machte einen blöden Spruch, alle benahmen sich total nett und erklärten mir, was sie gerade prüften oder reparierten. Ich durfte Ihnen über die Schultern schauen. Der Werkstattleiter teilte mir sogar kleine Arbeiten zu. Hier gefiel es mir, und es gefällt mir noch, man lernt unheimlich viel. Die Kollegen vermittelten mir sofort das Gefühl, dass ich ein ganz normaler Marco und nicht der Marco W. aus den Schlagzeilen war. Mama wartete nach Feierabend vor dem Markt, kutschierte mich nach Hause. Allein traute ich mich noch immer nicht in die Stadt. Warum sollte ich mich anlabern lassen?

Die *Allgemeine Zeitung* hatte erfahren, dass ich wieder in Uelzen war, und pustete die Geschichte raus. Wenn ich nun durch den Laden ins Lager ging, bemerkte ich, wie sich Leute anstießen und hinter mir hersahen. Am Anfang war mir das höchst unangenehm. Wer lässt sich schon gerne beäugen wie ein seltsames Tier? Auch wenn es gar nicht böse gemeint ist. Ich hätte ja auch Angelina Jolie nachgeguckt, wenn sie plötzlich durch unsere kleine Stadt geschlendert wäre.

Irgendwann musste ich mich überwinden. Ich traf mich abends mit mehreren Freunden, marschierte mit ihnen ins *Mephisto*, ein Lokal, in dem viele Jugendliche verkehren. Wir stiegen nach oben in die Raucherlounge. Ich musste mich dran gewöhnen, dass nach dem neuen Rauchergesetz das Paffen in Gaststätten verboten war, es sei denn in abgeschlossenen Räumen. ‚Oh', schoss es mir durch den Kopf, ‚da bist du mal weg, und schon erlassen die solche Vorschriften.' Ich hatte darüber in der Türkei keine Zeile gelesen.

Im *Mephisto* passierte es dann zum ersten Mal, dass mich Gäste genau musterten und sich auch vorwagten: „Hey, du bist doch der, der Marco, oder? Wie geht's dir?" Sie waren alle freundlich,

Uelzener eben, aber es nervte doch. Deshalb schwirrte ich nach einer Stunde wieder ab. Wenigstens hatte ich den ersten Schritt gewagt. In den nächsten Tagen und Wochen trainierte ich „Öffentlicher Auftritt", aber nie ohne Freunde, die mich gut abschirmten. Ich blieb länger draußen, ließ mich sogar auf Gespräche ein, wenn einer höflich war. Keiner war so frech zu fragen, wie es denn im Türkenknast zugegangen war. Das Thema war tabu. Manchmal stellten sich Menschen neben mich und baten: „Können wir ein Foto zusammen machen?" Konnten wir, wenn es flott ging.

Zum Unterricht in der Fachhochschule sollte ich auch antreten. Natürlich hatte ich wieder ein bisschen Bammel, doch die neuen Klassenkameraden waren von den Lehrern vergattert worden: „Lasst den Jungen in Ruhe! Wenn er reden will, wird er's euch schon sagen!" Damit konnte ich leben, weil ich zwei Bekannte unter den Mitschülern traf. Und wenn sich in der Pause die Schüler aus den anderen Klassen hinter meinem Rücken anstießen: „Da, dass ist doch der!" – man gewöhnt sich auch daran.

Aber auch heute noch ziehe ich lieber in der Gruppe los, da fühle ich mich beschützt. Wenn man allein ist, weiß man einfach nicht, auf welche Typen man stößt. Die glauben vielleicht, dass sie die Größten sind, wenn sie „dem Marco" mal die Meinung geigen. Wie wohltuend war es deshalb, dass ich beim THW gleich in den üblichen Dienst einsteigen konnte. Da wurde über Übungen und Einsätze und Geräte gesprochen, nicht über mich. Auf der Straße machten mich die Blicke aber doch noch unsicher. Mühsam lernte ich: ‚Du kannst es nicht ändern, nimm' es hin, schüttle es schnell ab! Irgendwann lässt auch die Neugier nach!' Hundertprozentig ist es mir allerdings noch immer nicht gelungen.

Besonders unangenehm war es, wenn mich welche, vielleicht noch angetrunken, möglichst laut anquatschten, so dass es die Umstehenden mithören mussten: „Wir haben für dich gespendet."

Meine Gäste bei der Dankesfeier vor der Stadthalle von Uelzen

Dafür bin ich wirklich von ganzem Herzen dankbar, aber wie ein Bettelkind muß man mich deshalb nicht behandeln. Meine Eltern haben niemanden zum Spenden gezwungen und jeden Euro genau verbucht. Sie haben nur die billigsten Flüge und Herbergen gewählt.

Wir diskutierten zu Hause, wie wir uns bei den hilfsbereiten Menschen bedanken konnten. Alle einzuladen war ja unmöglich, einen solchen Saal hat Uelzen nicht vorzuweisen. Die beste Idee: Am 28. 2., zu meinem 18. Geburtstag, veranstalteten wir eine Dankeschön-Feier, zu der wir die eifrigsten Unterstützer einluden, den harten Kern. 200 Menschen versammelten sich in unserer Stadthalle. Ich musste fast zwei Stunden Hände schütteln, Worte wechseln – beinahe wie ein Bürgermeister beim Neujahrsempfang.

Ich bedanke mich bei allen, die mir geholfen haben.

Die Jungs vom THW hatten ein großes Plakat gedruckt: *Marco!*
8 Monate mussten wir ohne Dich auskommen! 8 Monate hatten wir
wahnsinnige Angst um Dich! 8 Monate haben wir uns Sorgen um
Dich gemacht! 8 Monate, in dem Du uns einfach gefehlt hast!

Ich bedankte mich: *„Liebe Freunde und liebe Gäste, ich freue mich*
sehr, heute mit Euch und Ihnen nach einer für mich nicht leichten
Zeit meinen 18. Geburtstag feiern zu können. Viele sind meiner
Einladung gefolgt, und ich bin sehr gespannt, wer sich hinter den
Namen verbirgt, die mir oft nur von Briefen oder Geschenken bekannt
sind. Ich freue mich, jeden Eingeladenen kennen zu lernen, aber bitte
habt / haben Sie Verständnis, dass ich nicht über meine Haftzeit, den
Prozess, oder dass, was diesbezüglich war oder kommen wird sprechen
möchte.
Euer / Ihr Marco"

Danach erzählten die Macher von den Mahnwachen, die Betreiber von Internetforen und die Brieffreunde, warum sie sich so engagiert und um mich gebangt hatten. Zum leckeren Buffet schaffte ich es selten, weil ich von Tisch zu Tisch ging und mich von den Gesprächen nicht losreißen mochte. Einige Male tanzte ich, ein ganz neues Gefühl nach zehn Monaten.

An diesem Abend wurde mir erst richtig bewusst, welche Woge von Anteilnahme mein Schicksal ausgelöst hatte. Die meisten hatten sich nach den ersten Berichten bei meinen Eltern gemeldet und waren treu geblieben bis ich heimkehrte. Für diese Menschen ebenfalls ein glückliches Erlebnis: „Es hat sich gelohnt", hörte ich oft.

Allmählich löste sich auch ein anderes Problem: Das schlechte Essen im Gefängnis hatte meinen Magen verdorben. Ein saftiges Stück Fleisch mit einer Portion Pommes verdaute er anfangs nur zögerlich. Aber erstens hatte ich nun mal Heißhunger auf lange Entbehrtes, zweitens war ich zur Bohnenstange abgemagert und drittens musste ich mich im Praktikum und beim THW wieder ordentlich bewegen. Da war „Futtern wie bei Muttern" natürlich sehr verlockend.

Ganz ließ mich die Türkei nicht los, ich wollte meine Leidensgenossen nicht vergessen. Zemi, der Kosovo-Albaner, war wieder bei seiner Familie. Nafiz und Erkan, der türkische Bauunternehmer, hatten ihre Strafe abgesessen. Mit ihnen telefonierte ich häufig, wir schrieben uns Briefe. Diese drei hatten ja bewiesen, dass man auch hinter Gittern auf anständige Menschen stoßen kann.

Außerdem mussten wir entscheiden, ob ich zum nächsten Prozesstag am 1. April 2008 in die Türkei fliegen sollte oder nicht. Einerseits verspürte ich nicht die geringste Lust, noch mal vor dieses Gericht zu treten. Andererseits wollte ich nicht als Feigling dastehen, der vor der türkischen Justiz geflohen war. Zum Glück teilten uns die Anwälte mit, dass der Richter kein „persönliches Erscheinen" angeordnet hatte. Zudem gelte dieser Termin wieder nur als kurze Zwischenstation, weil das vom Gericht geforderte psychologische Gutachten über den aktuellen Zustand von Carolina immer noch nicht vorlag.

So war's auch. Schon nach wenigen Minuten wurde auf den 4. Juli vertagt. Meine Anwälte werteten diesen Termin als Erfolg. Schon meine Freilassung ohne Auflagen hätte erkennen lassen, dass das Gericht eher eine Bewährungsstrafe oder einen Freispruch erwäge. Selbst Carolinas Anwalt glaubte nicht mehr an eine Haftstrafe für mich: „Das ist nicht realistisch."

Zur nächsten Verhandlung drei Monate später war immer noch kein Gutachten aus England eingetroffen. Prozessbeobachter halten es für möglich, dass es nie eines gab und nie geben wird. Nach zehn Minuten setzte das Gericht als neuen Termin den 26. November fest. Da möge sich jeder sein eigenes Urteil bilden.

… und noch kein Happy-End

Wie oft habe ich in der Zelle darüber gegrübelt, ob ich mich je wieder in ein Mädchen verlieben kann. Nach allem, was mir die Lügenmärchen von Carolina eingebrockt hatten? Konnte ich je wieder einem Mädchen vertrauen? Hatte ich noch ein Herz für Mädchen? Hasste ich sie gar?

Nein, ich kann gar nicht hassen, niemanden. Aber ich dachte, dass es ein langer, schwieriger Weg werden würde. Solche Wunden heilen nur langsam und brechen leicht auf. Deshalb war meine Haltung zwiespältig: Zwar sehnte ich mich nach Nähe, aber erst mal wollte ich mich zurückhalten. Später mal, es wird sich schon fügen.

Das letzte Kapitel meines Buches sollte noch etwas ganz Besonderes enthalten: Wenn einer über eine Weltreise schreibt, wird er am Ende seine Erlebnisse mit denen in der Heimat vergleichen. Ein kluger Professor wird seine Lehren zusammenfassen, der Krimi-Autor wird endlich den Mörder entlarven und im Liebesroman finden sich zwei Menschen zum Happy-End.

Und hier, in diesem Buch, das logischerweise keinen Frohsinn verbreiten kann – was wird da wohl am Schluss herauskommen?

Ja, ich habe sie gefunden, meine große Liebe! So überraschend und so schnell, dass ich es erst selbst nicht fassen konnte, und zwar gleich, als ich mich mit meinen Freunden zum ersten Mal wieder in die Stadt wagte, ins *Mephisto*. Dann kam der 14. Januar 2008, den Abend kann ich immer noch wie ein Film in meinem Kopf abspielen. Vorher hatte ich mich ja nur nachts hinausgetraut, um mit einem Kumpel unsere ferngesteuerten Spielzeugautos auf einem Parkplatz fahren zu lassen.

Ich saß oben in der Raucherlounge mit meinen Freunden. Da kam ein Mädchen und sprach mich an: „Hallo! Unten sitzen noch zwei Leute vom THW." Sie hatte lange hellbraune Haare, ein süßes Gesicht, gute Figur. Und ihr Lächeln! Mich hat es sofort gepackt. Obwohl ich mir die Zügel anlegte: ‚Jetzt hast du schreckliche acht Monate wegen eines Mädchens hinter dir und plötzlich empfindest du was für ein Mädchen. Wie passt das zusammen?' Aber, auch wenn es kitschig klingt, ich fühlte mich zu ihr hingezogen.

Ich hatte dieses Mädchen vorher nie gesehen. Sie wusste natürlich, wer ich bin. Irgendwann muss jeder für „kleine Jungs", und zu den Toiletten geht man nach unten. Wieder dieses Lächeln, ich setzte mich an den Tisch. Wir sprachen fast nichts, guckten uns nur an. Blicke sagen ja oft mehr als die berühmten tausend Worte. Ich erfuhr an diesem Abend nur, dass sie aufs Gymnasium geht, fürs Abitur büffelt und bei der Freiwilligen Feuerwehr mitmacht. Wir grinsten uns an: THW und Feuerwehr tragen immer kleine Reibereien aus, wenn sie mal im Einsatz aufeinandertreffen.

Sie sagte, dass sie öfter ins *Mephisto* komme. Ich sagte, dass ich morgen wieder hier sein würde. Sie sagte: „Ich auch". Ich sagte: „Dann sehen wir uns ja". Danach sagten wir beide: „Tschüß".

Als sie weg war, musste ich mich erstmal ordnen. Dieses Kribbeln (diesmal aber angenehm) im Bauch, dieses Durcheinander im Gehirn, dieses Herzflattern. Es war so komisch, so unwahrscheinlich: Eine Flut von Gefühlen für ein Mädchen, das man gerade kennengelernt hatte. Mit so was habe ich überhaupt nicht gerechnet.

Es wurde eine unruhige Nacht. Sollst du? Darfst du? Wie endet das?

Den ganzen nächsten Tag war ich nervös bis in die Kragenspitzen. Sie auch, aber das hat sie mir erst später gestanden. Wir trafen uns zusammen mit unseren Freunden, unterhielten uns auch mit denen, aber eigentlich waren wir nur füreinander da. Und weil wir uns nicht verlieren wollten, tauschten wir unsere Handynummern aus. ‚Das wird was Ernstes', da war ich mir fast sicher.

Nach wenigen Tagen fuhr ich mit meinem Roller zu ihr. Ihre Mutter begrüßte mich freundlich. Das Mädchen und ich setzten uns in ihr Zimmer, und wir stellten beide fest, wir wollen mehr Zeit miteinander verbringen!

Wir redeten und redeten. Nicht über meine Zeit im Gefängnis – noch nicht.

Nach wenigen Tagen wussten wir: Es ist was Einzigartiges, es muss Liebe sein! Wir wollten es zusammen versuchen. Sie wusste auch genau, auf was sie sich einließ. Das habe ich später gespürt, wenn mich die Erinnerung an die 247 Tage im Türkenknast wieder einholte und ich – häufig auch mit Tränen – in ihren Armen lag. Wie gut das tat! Die beste Therapie, die man sich vorstellen kann.

Sie hat auch geahnt, dass sie nun mit einem stadtbekannten Jungen zusammen war, dass sie nun ebenfalls die Blicke treffen würden. In Uelzen kannst du dich nicht verstecken. Sie sagte: „Das stehen wir gemeinsam durch". Ich bewunderte ihre Stärke und ihr Einfühlungsvermögen. Wenn mich mal Leute von der Seite ansprachen, ging sie dazwischen: „Lasst ihn in Ruhe, ihr nervt. Er ist doch auch nur ein Mensch."

Wir sind nach Paris geflogen mit meinem Bruder, mit meiner Freundin und meinen Eltern, eine herrliche Woche. An der Nordsee machten wir auch schon ein paar Tage Urlaub in einer

Ferienwohnung. Am liebsten würde ich mit ihr zusammenziehen. Aber dafür müssen wir beide erst mal etwas verdienen, und ich überlege noch, ob ich an der Fachhochschule das Fachabitur ablege und etwas Technisches studiere oder doch einen Ausbildungsplatz suche.

Wir beide denken und hoffen, dass wir ganz, ganz lange miteinander leben. Ich kann ohne sie gar nicht mehr sein. Solch ein Glück, nachdem ich vorher soviel Pech hatte – wie wunderbar. Ein Mädchen, das jede Sekunde für mich da ist. Im September habe ich mich mit einem Zeichen tätowieren lassen. Ein Zeichen von und für sie: Der Kopf eines Huskys, den sie gemalt hat. Die Tätowiererei hat wehgetan, war aber trotzdem gut. Klar, ich stelle mir schon die Zukunft vor: Häuschen, Kinder, Hund, liebe Freunde, ganz normal leben. Auch nicht in der Großstadt, in einer ruhigen Kleinstadt. Allerdings hätte ich gerne einen Golden Retriever. Mal sehen.

Bis dahin sind die quälenden Erlebnisse in der Türkei hoffentlich überwunden. In den ersten Wochen in Deutschland bin ich fast jede Nacht mit abscheulichen Träumen hochgeschreckt. Ich fand mich in der Zelle wieder, im Gericht, im Gefängnistransporter. Diese Bilder belasten mich noch immer, verblassen nur langsam. Ich arbeite daran, bis auch die anderen Wunden aus der Haft bald geheilt sind. Noch immer fällt es mir schwer, mich lange an einem Ort aufzuhalten. Dann muss ich wieder los, wie ein Getriebener: mein Nachholbedarf an Freiheit. So oft fühle ich mich von Freunden eingeengt, kann ihre gutgemeinte Nähe gar nicht mehr ertragen. Und weil ich im Gefängnis jedes Wort abwägen musste, finde ich manchmal nicht den richtigen Ton. Das hat vielleicht liebe Menschen aus meiner nächsten Umgebung verletzt. Wenn ja, so tut es mir sehr leid. Ich brauche noch Zeit. Nach außen wirke ich gelassen, aber innerlich sieht es noch nicht so gut aus!

Zu oft jagt mich die Angst, etwas zu versäumen. Ich möchte am liebsten alles auf einmal leben. Da steigt die Furcht hoch, dass mir wieder ein Schicksalsschlag alles wegnimmt. Ich bin ein Auto-Freak, hübsche gerne meinen blauen Golf auf, geiler Auspuff, kernige Scheinwerfer, tiefer gelegt, breitere Reifen, usw. Einmal damit über den Nürburgring brettern, das wünsche ich mir. Auf große Reisen allerdings ist mir die Lust vergangen. Deutschland bietet auch viele schöne Ecken. Keine falschen Schlüsse bitte: Ich habe nichts gegen Türken, Erkan aus dem Knast und mein Anwalt Ahmet sind immer noch meine Freunde. Aber in die Türkei fliegen, dieses schöne Land, das ich so mochte, das werde ich wohl vorerst vergessen müssen. Ich hätte dort keine ruhige Minute mehr. In der Zeit, in der ich an diesem Buch schrieb, ging mir die türkische Justiz nicht aus dem Kopf: Spricht mich das Gericht frei, wie es die deutschen Anwälte erwarten? Oder will der Richter sein Gesicht wahren und verhängt eine mehrjährige Haftstrafe? Lohnt sich ein langwieriges und kostspieliges Revisionsverfahren? Zermürbende Gedanken. Die Sorgen sind noch nicht vorbei.

Denn unsere Familie muss auch noch an einer anderen, viel bedrohlicheren Front kämpfen. Mein Vater Ralf, er ist 49 Jahre alt, ist vor drei Jahren an Leukämie erkrankt. Mit unglaublicher Kraft hat er sich im letzten Jahr für mich eingesetzt. In diesem Jahr ist die Krankheit fortgeschritten. Nur durch eine Knochenmarktransplantation hat er noch eine Chance, geheilt zu werden. Ich möchte an dieser Stelle alle Menschen zwischen 18 und 55 Jahren bitten, sich bei der DKMS (Deutsche Knochenmarkspende / www.dkms.de / Telefon: 0221/9405820) für die Typisierung zu melden. Sie brauchen nur das Wattebäuschchen für die Speichelprobe und ein Formular zurückzusenden. Ich möchte meinen Vater noch lange haben. Er ist ein Vorbild, so tapfer, wie er alles erträgt.

Es ist klar, dass man sich das Hirn zermartert: ‚Steckt in jedem Schicksalsschlag auch ein Gewinn? Lernt man daraus? Wird man reifer? Ist man besser gewappnet für das Unvorhersehbare, das noch folgen kann?' Wenn ich so zurückdenke, dann war ich vor der Leidenszeit in der Türkei ein richtig „grüner" Junge, der alles leichtnahm. Nach dem Motto: „Lass nur deine Alten machen!" In den acht Monaten habe ich mich ganz anders entwickelt, die meisten Achtzehnjährigen haben keinen Plan für die Zukunft, lassen sich treiben. Ich weiß zumindest, dass man nichts geschenkt bekommt, sich immer bemühen muss.

Meine Erlebnisse haben mir vor Augen geführt, wie eng Glück und Unglück verzahnt sind und wie dicht manchmal auch Leben und Tod beieinanderliegen. Ein Glück, dass ich noch lebe. Ich bin nicht der Typ, der tagelang nur im Büro sitzen könnte. Deshalb freue ich mich jedes Mal darauf, wenn ich während meines Praktikums mit ausliefern kann. Da lernt man andere Menschen kennen (manchmal kennen die mich auch!), kann Elektrogeräte anschließen, auch mal ein kleines technisches Problem lösen. Das gefällt mir.

An einem Tag im Januar waren der Kollege und ich im Landkreis Gifhorn unterwegs mit unserem VW-Transporter. Der Kollege saß am Steuer, ich daneben. Es regnete.

In einer sanften ansteigenden Kurve kam uns ein Audi entgegen. Wir sahen ihn spät, weil er erst hinter einer Kuppe verborgen war. Der Audi schlingerte, geriet auf unsere Straßenseite und erwischte uns voll von vorne. Wir hatten etwa Tempo 100 drauf. Der andere auch. Unmöglich, da auszuweichen. Mein Kollege stöhnte noch: „Oh, oh, oh", da krachte es. Der Audi schleuderte um uns herum, stieß mit seinem Heck hinten noch mal gegen unsere linke Seite –

wir rutschten wie ein Geschoss in den Graben. Ich sah die Bäume auf uns zurasen.

Durch den Regen war der Boden weich und tief, bremste also stark - unser Glück! Fünfzig Zentimeter vor einem dicken Baum kamen wir zum Stehen. Der Transporter stieg hinten hoch wie ein bockiges Pferd, dann kippten wir auf der Fahrerseite um. Bei trockenem Boden wären wir voll gegen den Baum geknallt.

Weil die Airbags gezündet hatten, roch es verbrannt, die Kabine war wie eingenebelt. Ich dachte, das Auto brennt. Nur raus hier! Ich spürte Schmerzen an Armen und Beinen, auch am Hals. Es war wohl nichts gebrochen. Ein Blick zum Kollegen, der bewegte sich auch. Wir hingen in den Gurten, mussten uns erst abschnallen, um zusammen die schwere Tür nach oben zu stemmen, rauszukriechen und uns auf den Boden fallen zu lassen.

Der Audi-Fahrer taumelte an den Straßenrand.

Ich weiß nicht, wie viele Minuten wir da lagen. Unter Schock redet man wenig. Andere Autofahrer stoppten: „Alles in Ordnung? Können wir helfen?" Nein, es ging schon. Dann hörten wir die Sirene von Polizei und Krankenwagen. Als die Notärztin mich so verschrammt liegen sah, entfuhr ihr: „Oh Gott, das ist das Gesicht, dass jeder kennt". Für sie war es ein Schock, dass dem Jungen, der gerade eine schlimme Zeit hinter sich gebracht hatte, nun dieser Unfall zugestoßen war. Ich tat ihr leid.

Der Sanitäter sprach am Handy mit meiner Mutter: „Marco ist okay, aber wir bringen ihn ins Krankenhaus". Ich wurde geröntgt. Rechter Zeigefinger schwer gezerrt, starkes Schleudertrauma, viele Prellungen. Vier Wochen war ich krankgeschrieben, lag tagelang im Bett. Meine Brille war auch weg. Kollegen fanden sie – unversehrt – im Lieferwagen.

Was man aus einem solchen Vorfall lernt? Dass man nichts auf morgen verschieben soll. Dass man heute lieber schenken und nehmen soll, dass man jeden Tag bewusst in sich aufsaugt. Und dass man sich möglichst schnell von der Last der Vergangenheit lösen muss. Wenn man es denn kann. Immer wieder gibt es zermürbende Stunden, in denen die Wut hochkocht, dass ich unschuldig leiden mußte, ja, nahe daran war, verbittert zu zerbrechen. Ich bin reizbarer geworden, oft ziehe ich mich ängstlich zurück. Manchmal blicke ich in den Spiegel und frage: ‚Ist das noch der fröhliche Junge, der für jeden Schabernack gut war?'

Ein guter Freund hat mich gefragt, wie ich reagieren würde, wenn mir irgendwo diese Carolina über den Weg laufen würde.

Ich habe geantwortet: „Nichts! Ich würde sie nicht mal anschauen".

Danke!

Die Zeit im Gefängnis habe ich oft als dunklen Tunnel beschrieben, in dem aber immer wieder Lichter aufleuchteten, die mir Hoffnung und Kraft gaben. Es gibt so viele Menschen, bei denen ich mich persönlich bedanken möchte, was aber leider nicht möglich ist. Danke sagen möchte ich für all die Briefe, Päckchen, Spenden, Gebete, Besuche und Unterstützungen, die mir geholfen haben, mich und meine Seele am Leben zu erhalten. Danke sagen möchte ich für die vielen interessanten Briefe:

Christina, die mich stets über ihren Familienzuwachs, „die Meerschweinchen", unterrichtete, Anna, die eine Geschichte aus dem All für mich schrieb, Opa Kurt, der mir vom Motorrad - Fahren erzählte, Siegfried, der mir sein „Bärenfell" schickte, Hans-Helmuth, der spannend über Afrika schrieb, Sylvia, die Marathon lief und mir über ihre zahlreichen Aktionen schrieb.

Dennis berichtete mir ausführlich vom THW Uelzen, Frank brachte mir die Geschichte der DDR näher, Moni schenkte mir einen Stern.

Bettina und Sylvia danke ich für die tollen „Marco-Songs".

Stellvertretend für viele liebe Briefeschreiber: Alexander, Patty, Chrissy, Conny, Andreas, Susanne, Daniela, Elke, Jeanette, Ute, Wolle, Chris, Melitta, Thorsten, Maik. Es waren so viele Briefe, dass ich leider nicht jeden einzelnen persönlich beantworten konnte. Danke auch an alle Menschen aus dem Hilfeforum. Zahlreiche Pakete sind bei meinen Eltern angekommen, mit Büchern und anderen schönen Dingen. Meine Eltern konnten mir so immer genug Lesenachschub nach Antalya mitbringen.

Bedanken möchte ich mich bei den Mitarbeitern des deutschen Konsulats in Antalya für die Besuche und das Überbringen von Büchern und Zeitungen. Ebenso bei Pastor Korten, der mich regelmäßig besuchte und mir Trost und Hoffnung zusprach.

Stellvertretend für viele Spender möchte ich mich bei Alexander Fürst zu Schaumburg-Lippe bedanken. Stellvertretend für viele Unterstützer bei der St. Petri Gemeinde, der Sternschule, Herrn Bürgermeister Otto Lukat, bei dem Ministerpräsidenten Niedersachsens, Christian Wulff. Stellvertretend für die Mahn-wachenorganisatoren nenne ich hier Susanne, Sofi, Günther.

Ahmet Ersoy danke ich für den juristischen und freundschaftlichen Beistand. Für ihren besonderen Einsatz möchte ich mich auch bei den Rechtsanwälten Schmidt, Walther, Dr. Nagel, Waldraff, Isfen, Av. Enhos, Av. Erdem und Av. Iplicioglu bedanken.

Ganz besonders bedanke ich mich bei meinen Eltern für ihren unermüdlichen Einsatz und Kampf für mich. Sie haben mich unter schwersten Bedingungen regelmäßig im Gefängnis besucht. Außerdem haben sie stets versucht, alles was möglich war, auch möglich zu machen. Ein ganz spezieller Dank gebührt meinem Bruder Sascha, der Unmögliches möglich gemacht hat, um meinen Eltern und mir zu helfen. Er hat Gebetsecken und ein Internetforum eingerichtet, Mahnwachen organisiert, Spenden gesammelt, viele Leute mobilisiert und immer weiter überlegt, wie er noch helfen kann.

Danke auch an Xenia, die alles mitgetragen hat.

Danke an alle, die mich und meine Familie mit Worten, Gesten, Spenden und Briefen unterstützt haben.

Danke!!!

Zeittafel

28. Februar 2007	Marcos 17. Geburtstag
29. März 2007	Abreise in den Urlaub
10./11. März 2007	Die verhängnisvolle Nacht
11. April 2007	Vernehmung, Verhaftung und Übernachtung auf der Polizeistation
12. April 2007	Vernehmung durch die Staatsanwaltschaft, später durch die Ermittlungsrichterin in Manavgat
	Abends Fahrt ins Gefängnis Antalya
13. April 2007	Erster Besuch von Marcos Eltern
	Einschaltung des deutschen Konsulats
20. April 2007	Erster Bericht in der AZ Uelzen: *„Gefangen in der Türkei"*
12. Mai 2007	Erstes Fax von meinen Eltern
8. Juni 2007	Erster Gerichtstermin: Marcos Aussage
	Fürbitten in der St. Petri-Gemeinde in Uelzen

21. Juni 2007	Spendenaufruf auf der Internetseite des THW
25. Juni 2007	Erster Bericht im Spiegel: *„Nach dem Knutschen in den Knast"*
26. Juni 2007	Thema beim Außenministertreffen in Brüssel
5. Juli 2007	Fürbitten in St. Petri, Uelzen
	Aufführung *„Ritter Rost"* als Benefizveranstaltung der Sternschule im Uelzener Theater
	Bericht im Spiegel: *„Eine gründlich missglückte Befreiung"*
6. Juli 2007	Benefizfußballspiel Uelzen : Emmendorf
	Zweiter Gerichtstermin: Vortrag des Gerichtsmediziners
24. Juli 2007	Erstes Internetforum: www.freiheitfuermarco.de

8. August 2007	Dritter Gerichtstermin: Aussage des Gynäkologen, der Carolina untersuchte und Aussage des Zeugen aus England
12. August 2007	Zweites Internetforum: www.hilfefuermarco.de, Gründer: Sascha Weiss
2. September 2007	Lichterkette auf dem Braunschweiger Kohlmarkt
6. September 2007	Vierter Gerichtstermin
	Verlegung in eine andere Zelle
22. September 2007	Friedensgebet in St. Marien
	Lichtermarsch mit Plakaten durch Uelzen zur St. Petri-Kirche
28. September 2007	Fünfter Gerichtstermin
6. Oktober 2007	Carolinas Aussage in England
7. Oktober 2007	Friedensgebet für Marco im Dom zu Magdeburg
25. Oktober 2007	Mahnwache in Frankfurt/Main, Katharinenkirche

25./26. Oktober 2007	Mahnwache in Uelzen, Fackelmarsch durch die Stadt zur St. Petri-Kirche
26. Oktober 2007	Sechster Gerichtstermin
12. November 2007	Titelgeschichte im Spiegel
16. November 2007	Verlegung in das neue Gefängnis, Einzelhaft
17. November 2007	Mahnwache von 500 Menschen am Brandenburger Tor, Berlin
	Mahnwache in Frankfurt/Main, Katharinenkirche
19. November 2007	Mahnwache in Uelzen vor der St. Petri-Kirche durch den Freundeskreis aus den Foren
	BILD Deutschland initiiert ein Petitionsschreiben an den leitenden Richter, 18.900 Einsendungen und Faxe gehen bei BILD ein
20. November 2007	Siebter Gerichtstermin
	Protestmarsch durch den Freundeskreis aus den Foren
	Mahnwache in Dresden, Postplatz

27. November 2007	Carolinas Aussage liegt dem Gericht in Antalya im Original vor
1. Dezember 2007	Mahnwache in Wolfshagen bei Kassel
9. Dezember 2007	Mahnwachen in Hamburg, Dortmund, München, Schopfheim
	Präsentation des „Song für Marco" von Bettina
13. Dezember 2007	Mahnwache in Duisburg
	Mahnwache in Uelzen vor der St. Petri-Kirche durch den Freundeskreis aus den Foren
14. Dezember 2007	Stumme Proteste in Uelzens Innenstadt und vor der St. Petri-Kirche durch den Freundeskreis aus den Foren
	Mahnwache in Frankfurt/Main,
	Forumtreffen in Uelzen
	Friedensgebet in Uelzen
	Achter Gerichtstermin: Marcos Freilassung aus der Untersuchungshaft

20. Dezember 2007	Bericht im Stern: *„Marcos falsche Freunde"*
Januar 2008	Beginn von Marcos Praktikum und Besuch der Fachoberschule Technik
1. April 2008	Neunter Gerichtstermin
4. Juli 2008	Zehnter Gerichtstermin
26. November 2008	Elfter Gerichtstermin

Bildnachweise

Andreas van Almsick	S. 172, S. 173
AP/Ibrahim Laleli /Hürriyet	Titelportrait
AP/Murad Sezer	S. 66
Sabine Fitzke	S. 141
Frank Peetz	S. 198 / 199
picture-alliance/dpa/Ibrahim Laleli	S. 76
Erik Ramin	S. 148
Frank Senftleben/BILD	S. 68
Sascha Weiss	S. 4, S. 15, S. 121, S. 122, S. 149, S. 150

Quellenangabe

Sinngemäße Wiedergaben kursiv, *„wörtliche Zitate"* dazu in Anführungszeichen.

Impressum

Marco W.,
Meine 247 Tage im türkischen Knast
von Marco Weiss
aufgezeichnet von Willi Schmitt

ISBN: 978-3-86631-007-0
1. Auflage
© 2008 Hamburger Kinderbuch Verlag
Dr. Carlos Schumacher GmbH & Co. KG

Bibliografische Information der Deutschen Bibliothek
Die Deutsche Bibliothek verzeichnet diese Publikation in der Deutschen
Nationalbibliografie; detaillierte bibliografische Daten sind im Internet
über http://dnb.ddb.de abrufbar.

www.marcos-schicksal.de